KB213078

서울 역사 문화 탐방

서울 역사 문화 탐방

최종수

역민사

머리말

　인왕산에서 내려다 본 꿈결 같은 서울의 밤풍경, 성균관의 기품 어린 건물 앞에 장엄하게 서 있는 은행나무, 사람 냄새 물씬 풍기는 서울 동쪽의 성벽, 그리고 남산과 한강이 거기에 있었다.

　어느 날은 성벽에 들어갈 돌을 쪼는 석수였고, 어느 날은 등짐지고 성문을 나서는 행상이었고, 어느 날은 행주산성에서 활을 쏘는 병졸이었고, 어느 날은 왕릉 앞에서 잡초를 뽑는 능참봉이었다.

　장소는 언제나 서울과 그 언저리였고, 옛날과 지금이라는 시간의 간격은 없었다. 그곳에 있을 때에는 그 시대 사람이었고, 그곳을 나서면 2009년을 사는 서울 시민이었다. 나는 600여 년의 시간 속을 분주하게 날갯짓하며 떠다니는 한 마리 나비였다.

　서울 시내와 근교의 주요 유적과 기념관·박물관 등 24곳을 시대별·주제별로 묶어 보았다. 24곳 모두 당일 코스로 하루 코스와 오후 코스가 있다. 하루 코스는 오전 10시에 출발하여 현장에서 점심 식사를 하고 4~5시 경에 끝난다. 오후 코스는 오후 1시에 출발하여 5~6시 경에 끝난다. 출발 장소는 모두 지하철역이다. 대부분은 지하철역에서 걸어가고, 몇 곳은 다시 버스를 타고 목적지까지 간다. 성의만 있으면 언제라도 갈 수 있는 곳들이다.

어느 곳이든 시간은 충분하므로 차근차근 살펴보며 탐방하도록 한다. 우리의 역사와 문화에 대해 폭넓게 배우고자 하는 마음가짐을 바탕에 깔고, 감성의 문을 활짝 열어 눈에 보이는 것만 보는 것이 아니라 눈에는 보이지 않아도 가슴에 와 닿는 것을 느끼도록 한다.

이 책을 한 번 훑어보고 현장에 가서 실제로 다시 보면, 느끼고 배우는 바는 예상했던 것보다 훨씬 크다. 가슴이 미어지기도 하고, 놀라움의 탄성이 터져 나오기도 한다. 충격과 감동이라고 해야 할 것이다. 나 자신, 이것도 몰랐나 여기도 안 와 보았나 하는 부끄러움이 들 때가 적지 않았음을 실토하지 않을 수 없다.

자연과 인간이 절묘하게 조화를 이룬 도시 서울, 곳곳에 펼쳐진 역사와 문화의 현장들, 그 한복판에서 과거와 현재의 사람들과 나의 존재에 대한 감회를 새롭게 가질 수 있다. 보고 느끼면서, 아름다움과 소중함에 대해 생각하는 시간을 가지는데 이 책이 조그만 보탬이 될 수 있을 것으로 기대한다.

이 책을 쓰는 동안 여러 방면에서 아낌없는 지원과 격려를 해주신 여러분에게 진심으로 감사를 드린다. 홍영의 선생님, 김태윤씨, 김세연씨, 이추석씨, 이민자 권사님, 그리고 집사람 유예경 선생님과 아들 최세훈에게도 감사의 말을 전한다.

2009년 초여름에
최종수 드림

차례

서울 역사 문화 탐방

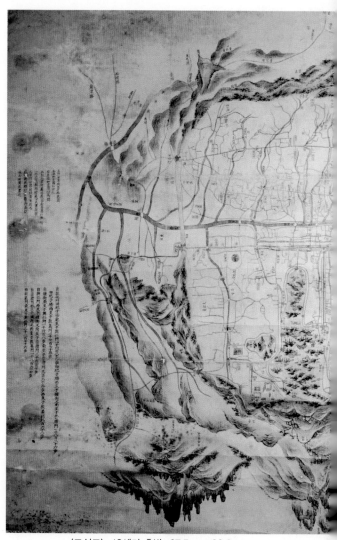

〈도성도〉. 18세기 후반. 67.5cm×92.0cm

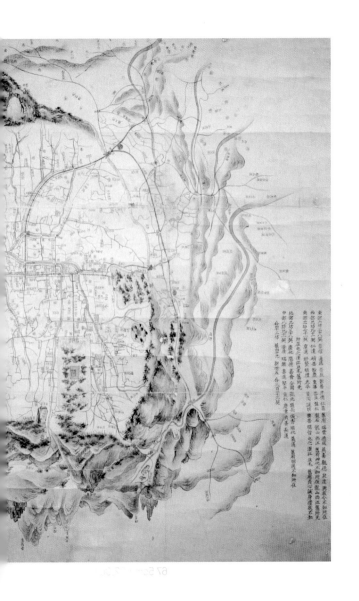

11

하나. 서울의 성곽

1392년에 조선이 개국하고, 1395년에는 도성이 건설되고, 1396년에 성곽이 완성되었다. 조선의 도성은 한양, 한성이라고 불리었다. 조선 건국 후 200년 동안 평화를 유지하다가 1592년에 임진왜란이 일어나 도성은 모두 불타 버렸다. 임진왜란은 조선 역사에서 하나의 분기점이었다. 임진왜란 이후 300여 년 동안 조선의 도성은 외형적으로나 내부적으로 대체로 온전히 보전되고 있었다.

1910년에 일제에 나라를 빼앗기고, 36년 동안의 일제강점기에 서울은 또다시 참담한 수난을 겪었다. 이때 문화재와 유적에 대한 훼손은 영원히 회복될 수 없는 것도 많다. 1945년에 광복을 맞아 나라를 되찾고 일제 때의 경성이라는 이름은 서울로 바뀌었다.

1950년에 6·25 한국전쟁이 일어나 서울은 다시 파괴되었다. 그나마 남아 있던 유적 중에 많은 것들이 총탄과 화재로 소실되었다. 전쟁이 끝나고 평온을 되찾은 서울은 1970년대 이후 급격한 경제 성장과 함께 인구 1천만 명이 넘는 세계적인 대도시가 되었다.

서울에는 내사산內四山과 외사산外四山이 있다. 내사산은 서울 안쪽에 있는 네 개의 산으로 서쪽 인왕산, 북쪽 북악산, 동쪽 낙산, 남쪽 남산이다. 외사산은 서울 바깥쪽에 있는 네 개의 산으로 북쪽 북한산, 동쪽 용마산, 남쪽 관악산, 서쪽 덕양산(행주산성)이다. 서울은 한북정맥의 북한산과 한남정맥의 관악산이 마주보는 사이로 한강이 흘러가는 곳에 자리잡고 있는 것이다.

풍수지리상 명당에는 전후좌우로 주산主山, 안산案山, 좌청룡左靑龍, 우백호右白虎의 네 요소가 있어야 한다. 경복궁을 중심으로 북악산이 주산, 남산이 안산, 낙산이 좌청룡, 인왕산이 우백호다.

조선 태조는 내사산을 연결하여 평지에는 흙으로 성을 쌓고[土城], 산에는 돌로 성을 쌓았다[石城]. 1422년(세종 4년)에 큰 보수가 이루어져 대부분 석성으로 바뀌었고, 1704년(숙종 30년)에 다시 크게 정비되었다. 이것이 서울 성곽의 본래 모습이다. 전체 길이는 18.2km이고 남북이 긴 타원형이다.

서울 성곽에는 동서남북에 대문이 하나씩 있어 4대문이라 했고, 4대문 사이에 소문이 하나씩 있었다. 4대문은 북대문 숙정문, 동대문 흥인지문, 남대문 숭례문, 서대문 돈의문이고, 소문은 북소문 창의문, 동소문 혜화문, 남소문, 서소문 소의문이다. 이외에 시구문이라고도 하는 광희문이 있다. 조선 때 지어져 현재 남아 있는 문으로는 흥인지문과 창의문뿐이다. 복원된 것으로 숙정문과 혜화문, 광희문이 있다.

1899년 일제는 전차 부설이라는 이름 아래 동대문과 서대문 주변의 성벽부터 헐어버리기 시작했다. 몇 년 후에는 남대문 주변이 부서지고, 일제강점기에는 서대문과 서소문·동소문·광희문이 무너지고, 동시에 많은 성벽이 허물어졌다. 일제는 500여 년 자리를 지켜온 성문과 성곽을 그렇게 파괴했다. 성곽은 현재 평지에는 거의 남아 있지 않고 산속에만 남아 있으며, 남아 있는 성벽도 여장은 거의 무너져 있다. 지금 복원이 진행중이다.

1968년 1월부터 인왕산과 북악산 일대가 군사적 이유로 통제됨에 따라 이 구간의 성곽은 갈 수 없는 곳이었다. 2007년에 전면 개방됨으로 이제는 서울 성곽 전체를 자유롭게 돌아볼 수 있게 되었다.

서울의 성곽을 네 구간으로 나누어 하루에 한 구간씩 네 번에 걸쳐 탐방한다. 주변의 역사 유적지도 함께 살펴본다. 서북쪽 인왕산부터 시작하여 시계방향으로 돌아 숭례문에서 끝난다. 대부분은 산길로, 때로는 도심을 가로질러 간다. 이 탐방을 마치면 서울에 대해 좀 더 확실하게 알게 될 것이며, 애정은 더욱 깊어질 것이다.

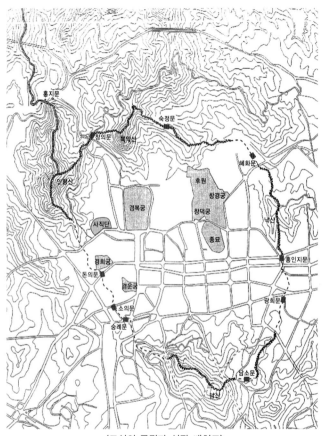

홍지문

숙정문

창의문　백악산

혜화문

인왕산

후원　창경궁

경복궁

창덕궁

사직단

종묘

흥인지문

낙산

경희궁

돈의문

경운궁

광희문

소의문

숭례문

남산

남소문

〈도성의 궁궐과 성곽 배치도〉

〈성곽의 각 부분〉

성 벽	외적의 침입을 방어하기 위한 시설로 성곽의 대부분을 차지한다. 자연 지형을 잘 이용하여 바깥쪽을 절개하여 벽을 높게 쌓았다. 높이는 대부분 7~10m 사이다.	인왕산 성벽 남한산성 성벽
성 문	성곽의 출입을 위해 만든 문이다. 아래 부분은 석문이라 하고 윗부분은 문루라 한다. 석문은 무지개 모양의 홍예문과 사각형의 평거문이 있으나 대부분 홍예문이다.	서울성곽 창의문 남한산성 북문
여 장	성벽의 윗부분에서 자신의 몸을 감추고 적을 공격할 수 있는 시설이다. 1타에 구멍이 세 개 있어 총이나 활을 쏠 수 있다. 성 안쪽에서는 여장만 보인다.	인왕산 여장 남한산성 여장
암 문	적군 몰래 드나들 수 있는 비밀통로 문이다. 성문과는 달리 은밀한 곳에 감추어져 있다. 대부분 사각형 문이다. 성문보다 많은 수의 암문이 있다.	북한산성 가사당 암문 수원 화성 북암문
옹 성	적의 공격에 취약한 평지에 있는 성문 등의 앞에 쌓은 반원형의 성벽이다. 그 위에서 적의 공격을 효과적으로 차단하는 이중 방어시설이다.	흥인지문 옹성 수원 화성 화서문 옹성
장 대	성안에서 장수가 군사들을 지휘하는 장소다. 성안의 높고 전망이 좋은 곳에 위치하고 있다. 동서남북에 하나씩 있고 사면이 틔어 있다.	남한산성 수어장대 수원 화성 동장대

1. 인왕산

사직단에서 출발하여 인왕산을 넘어 창의문에 도착하는 서북쪽 성벽길이 오늘의 갈 길이다. 이곳에서 성곽 탐방을 시작하는 이유는 사직단과 단군 성전이 여기 있어 천지신명과 단군 시조께 인사를 드리고 탐방을 시작할 수 있기 때문이다.

> **오후 코스**   1:00 지하철 3호선 경복궁역 1번 출구 ➡ 사직공원 ➡ 서울 사직단 ➡ 단군 성전 ➡ 황학정 ➡ 배드민턴장 ➡ 인왕천 약수터 ➡ 인왕산 정상 ➡ 창의문 방향으로 하산 ➡ 성벽길 ➡ 창의문

〈인왕산〉

매주 월요일과 공휴일 다음날은 입산금지고, 평일에는 24시간 개방한다. 음료수와 간식을 준비하고, 간편복이나 등산복 차림으로 오르도록 한다.

서울 사직단

조선을 건국한 태조 이성계는 한양에 수도를 정하고 1395년(태조 4년)에 좌묘우사左廟右社의 원칙에 따라 경복궁 동쪽에 종묘宗廟, 서쪽에 사직단社稷壇을 건립했다. 종묘는 선왕들의 신위를 모시고 제사를 지내는 사당이고, 사직단은 천지신명에게 나라의 평안과 백성의 안녕을 기원하는 제단이다.

조선에 앞서, 고구려에서는 392년(고국양왕 9년)에 국사國社를 세웠고, 신라는 783년(선덕왕 4년)에 사직단을 세웠으며, 고려에서도 송도에 사직단을 설치했다.

서울 사직단은 토지의 신 사社에게 제사 지내는 사단은 동쪽에, 곡식의 신 직稷에게 제사 지내는 직단은 서쪽에 배치했으며, 신위는 모두 남쪽에서 북쪽을 향했다. 후토씨后土氏와 후직씨后稷氏를 배우자로 삼아 함께 제사를 올렸다. 천지 음양이 조화를 이룰 수 있도록 지붕을 하지 않고 단을 만들었다.

서울 사직단은 본래 단 주변 동·서·북쪽 언덕에 담장을 두르고 그 안에 신실神室을 두었으나 1592년(선조 25년) 임진왜란 때 모두 불타버려 선조 말년에 복구한 이래 여러 차례 수리되었다. 1940년에 일제는 사직단의 격을 낮추고 면적을 줄여 도시공원으로 만들었으나 2007년에 서울 사직단으로 회복되었다.

사직단의 정문은 사직단을 지을 때 함께 지었으나 역시 임진왜란 때 불타 새로 지은 것을 숙종 때에 보수한 것으로 보인다. 사직단 정문은 1962년 서울시 도시계획에 따라 14m 뒤쪽으로 옮겨졌다.

사직대제社稷大祭는 하늘과 땅에 제사를 드리는 중요한 의식이었다. 4대향四大享이라 하여 정월 상순에 지내는 기곡祈穀, 2월과 8월 상순에 지내는 중삭中朔, 동지 다음에 납향臘享을 지냈다. 사직대제는 일제에 의해 1908년(순종 융희 2년)에 강제로 폐지되었다가, 서울 올림픽이 열린 1988년에 복원되어 매년 개천절에 거행되고 있다.

"사직이시여, 보살펴 주시옵소서."

단군 성전

단군 성전檀君聖殿 또는 백악전이라고 하는 이곳에는 정부의 표준 단군 영정, 국민경모 단군상이 모셔져 있다. 1968년 단군 성전으로는 우리나라 최초로 건립된 공공건물로 사단법인 현정회에 이관되어 1973년에 서울시로부터 보호문화재로 인정받았다. 1990년에 다시 지었으며 대지 약 800㎡, 성전이 53㎡다. 작은 건물이고, 위엄 또한 약해 보인다. 건국 시조를 이렇게 모셔도 되는지 의문이 남는다.

이곳에서는 해마다 3월 15일에 어천절御天節 대제전이 열린다. 어천절이란 단군이 처음으로 나라를 열고 홍익인간弘益人間, 이화세계理化世界의 기틀을 세운 후 하늘로 오른 것을 기념하는 날이다. 역대 왕조에서는 어천절 대제에 제사를 올렸지만 일제에 의해 명맥이 끊어졌다가 광복 후 현정회에 의해 다시 거행되고 있다.

일제가 조선을 강점하고 있는 동안, 일제는 조선의 역사와 정신을 말살하고 왜곡하려는 악의적인 행위로 50만 권이 넘는 서적을 판매금지 또는 압수했고 그 중 20여만 권을 폐기했다고 한다. 당시 조선에 있던 거의 모든 고서적을 수단 방법을 가리지 않고 긁어모은 것이다. 일제는 대부분을 태워 버렸거나 어디 은밀한 곳에 숨겨 놓았을 것이다. 이때 일제에 앞장서서 활동한 기관이 조선사편수회다.

우리의 고대사를 밝힐 수 있는 문헌으로는 〈삼국사기〉와 〈삼국유사〉가 큰 비중을 차지한다. 그 외의 서적과 자료는 미미한 상태다. 사대사상의 색채가 짙은 〈삼국사기〉와 불교의 입장에서 본 전설과 설화를 토대로 한 〈삼국유사〉만이 남아 있는 것이다. 이것도 일제가 의도적으로 남겨 놓았을 가능성이 있다. 조선은 사대주의와 전설이나 가지고 고대 역사를 대충 꾸려나가라는 일제의 계산된 의도였으리라는 것은 충분히 가정할 수 있는 일이다.

〈삼국사기〉와 〈삼국유사〉 이외의 고대 전적들은 다 어디에 있는가. 없다면 왜 없는가를 밝혀야 하고, 남아 있는 것은 반드시 다시 찾아내야 한다. 다행인 것은 최근 고대사에 대한 관심이 급격히 증가하고, 연구 수준도 높아지고 있다는 사실이다. 머지않아 사라진 삼국시대 이전의 고대사 관련 자료들을 찾아낼 것이고, 그리하여 단군을 비롯한 고조선의 실체가 밝혀지리라 기대한다.

올해는 단기 4342년이고 그 중 4분의 3이 고려 건국(918년) 이전의 역사다. 긴 세월이다. 그 긴 세월 동안에 무슨 일이 어떻게 벌어졌는가를 밝혀내는 것이 우리에게 주어진 과제다. 시작은 단군에 대한 경의와 확신일 것이다.

단군은 누구였을까. 이 땅에서 대대로 살아온 토착민이었을까, 아니면 서쪽에서 태양을 바라보며 동쪽을 향해 먼 길을 이동해 온 이방인이었을까. 토착민이었다면 더 위의 조상은 누구였을까. 이방인이었다면 언제 어디로부터 어떻게 흘러 들어온 인물이었을까. 어찌 되었든 우리는 단군의 후손이다.

황학정

황학정黃鶴亭은 1898년(고종 광무 2년)에 경희궁 회상전 북쪽에 지어진 사정射亭(활터에 세워진 정자)이었다. 일제에 의해 경희궁의 모든 전각들이 헐리고 부재들이 팔아 넘겨지면서 황학정도 1922년에 서촌 오사정 중의 하나인 등과정이 있던 지금의 자리로 옮겨졌다. 서촌 오사정이란 도성 안 서쪽에 세워진 다섯 개의 사정으로 옥동의 등룡정, 삼청동의 운룡정, 사직동의 대송정, 누상동의 풍소정, 필운동의 등과정이었다. 지금 오사정은 모두 없어졌다.

황학정은 정면 4칸 측면 2칸이며 팔작지붕이다. 단정한 자태가 활쏘기에 필수적인 정신집중을 상징하는 듯하다. 황학정은 지금도 서울을 대표하는 국궁 활터다. 사거리 145m로 200여 명의 회원들이 오늘도 궁술을 연마하고 있다. 다섯 발을 1순이라고 하고 보통 한 번에 9순을 쏜다.

황학정에서는 무형문화재로 지정되어 있는 '장안편사놀이'가 거행되고 있다. 장안편사놀이는 편을 갈라 활쏘기 실력을 겨루는 대회로 이때 많은 궁사들이 모여 기량을 자랑한다.

인왕산

　인왕산仁王山은 서울 중심부 서북쪽에 있는 높이 338m의 화강암 산이다. 북한산의 한 가지며, 조선 초까지 호랑이가 출몰했을 정도로 험준한 산이다. 서산西山이라고 불리었으나 세종 때부터 인왕산이라 부르기 시작했다.

　인왕산 바로 아래에는 사직단과 경복궁이 들어서 있다. 인왕산에서는 경복궁이 훤히 내려다보이며, 그 너머로 창덕궁·창경궁과 종묘가 보인다. 인왕산의 아름다움과 신비로움은 조선 왕조 내내 많은 이야기와 작품을 통해 나타나고 있다.

　인왕산 정상에서는 서울의 내사산과 외사산이 모두 보인다. 인왕산뿐 아니라 서울의 내사산에서는 서로 서로 다 바라보인다. 서울은 동서남북 사방 알맞은 자리에 내사산이 있고, 그 바깥쪽에 외사산이 둘러싸고 있는 것이다. 왜 서울의 터가 뛰어난 명당인지 인왕산에 올라 보면 잘 알 수 있다.

　인왕산은 불교의 요지였다. 인왕산이라는 이름을 가지게 한 인왕사를 비롯하여, 도성의 네 산 가운데 가장 많은 절이 있었다. 인왕은 금강역사로 절 입구에서 절을 지키는 수호신이다. 그런 뜻에서 인왕산은 서울의 수호신 역할을 한 산이기도 하다.

〈인왕제색도〉. 겸재 정선. 79cm×138cm

인왕산에는 바위가 많다. 조선 건국과 관련된 이야기가 얽힌 선바위, 중종과 폐비 신씨와의 사랑을 담은 치마바위, 전설어린 범바위 등 사연 있는 바위들이 많고, 모양에 따라 이름을 붙인 바위들도 많다. 인왕산 서남쪽 기슭은 남산에서 이리로 옮겨진 국사당과 선바위를 중심으로 민간 무속신앙의 근원지가 되고 있다.

일제강점기에는 인왕산의 '왕王' 자를 일본日本의 '날일日' 자를 덧붙인 '旺' 으로 했으나, 1995년에 '王' 이라는 본래의 글자로 돌아왔다. 북한 특수부대가 침입한 1968년 1월 21일 이후 출입이 통제되었다가 1993년 3월부터 다시 개방되었다.

인왕산 정기, 인왕산 호랑이, 소망과 추억이 깃든 말들이다. 인왕산에 올라 서울을 바라보는 모든 사람들이 인왕산의 정기를 받아 호랑이처럼 용맹스럽게 살았으면 좋겠다.

2. 북악산

시청앞. 광화문 네거리 부근에서 늘 바라보던 북악산이다. 오늘은
북악산의 뒤편 창의문에서 시작하여 북악산을 넘어 성균관까지 간
다. 성벽길 오른편 능선 너머는 바로 청와대와 경복궁이지만 보이
지는 않는다. 좌우로 보이는 산들이 마치 살아 움직이는 것 같다.

오후 코스 1:00 지하철 3호선 경복궁역 3번 출구 ➜ 버스 0212,
1022, 7022 자하문고개 하차 ➜ 최규식 경무관 동상 ➜ 창의문 ➜
창의문 쉼터 ➜ 성벽길 ➜ 북악산 정상 백악마루 ➜ 숙정문 방향
하산 ➜ 청운대 ➜ 숙정문 ➜ 말바위 쉼터 ➜ 와룡공원 ➜ 성균관
대학교 후문 ➜ 성균관 ➜ 대명거리 ➜ 대학로

〈북악산〉

매주 월요일(공휴일이 월요일인 경우 화요일)에 입산이 금지된다. 창
의문 쉼터에서 주민등록증을 제시하고 신청서를 작성해야 한다.
처음부터 경사가 급한 계단길을 만나므로 천천히 쉬어가면서 오르
도록 한다.

창의문

창의문彰義門은 서대문과 북대문 사이의 북소문으로 1396년(태조 5년)에 서울 성곽을 쌓을 때 함께 건립되었다. 성밖 계곡의 이름인 자하동紫霞洞에서 이름을 따 자하문이라고도 불린다.

1413년(태종 13년)에 풍수학자가 올린 '창의문과 숙정문은 경복궁의 양팔과 같으므로 길을 내어 통행하면 지맥을 손상시킨다.' 는 상소를 받아들여 문을 닫고 소나무를 심어 통행을 금지시켰다.

창의문 문루는 임진왜란 때 불타 없어졌다. 1623년 인조반정 때 반정군이 능양군陵陽君(후에 인조)을 옹립하고 이 문을 통해 창덕궁으로 들어가 광해군을 축출하는데 성공했다. 1741년(영조 17년)에는 '인조반정 때 의군이 진입한 곳이니 문루를 다시 짓는 것이 좋겠다.' 는 건의가 받아들여져 문루가 다시 세워졌다. 창의문에는 인조반정 때 공신들의 이름을 새겨놓은 현판이 지금도 걸려 있다.

창의문은 정면 4칸 측면 2칸의 우진각지붕으로 전형적인 성곽 문루의 모습을 갖추고 있다. 성문의 천정에는 봉황 대신 닭이 한 쌍 그려져 있는데, 창의문 밖의 지형이 지네처럼 생겨 지네의 천적인 닭을 그려 넣었다는 속설이 있다. 서울의 4소문 가운데 유일하게 원래의 모습이 남아 있는 문이다. 1958년에 크게 보수했다.

창의문 일대는 1968년 1월 21일, 북한 124군 부대 특수요원 31명이 청와대를 공격하려 할 때 저지한 곳이기도 하다. 여기에서 북한 특수부대원과 한국군과 경찰이 격렬하게 전투를 벌여 그들의 더 이상의 침투를 막았던 것이다.

〈창의문에 걸려 있는 현판〉

북악산

북악산北岳山은 백악산白岳山이라고도 하며, 높이 342m의 화강암 산이다. 남쪽에서 보면 삼각형 모양의 봉우리가 우뚝하며 동쪽 산 어깨쯤부터 긴 능선이 있다. 북서쪽 기슭 끝에 창의문이 있고, 북 동쪽 기슭에는 숙정문이 있다. 북악산은 북한산의 보현봉과 바로 이어지는 노송이 울창한 아름다운 산으로 경복궁의 주산이다.

태조가 조선을 건국한 후 궁궐터를 정할 때 무학대사와 정도전의 의견이 달랐다. 무학대사는 인왕산 아래에 궁궐을 짓자고 했고, 정 도전은 북악산 아래에 궁궐을 짓자고 했다. 종교적 이상과 현실적 정치의 대립이었다. 최종적으로 북악산 아래로 결정되어 지금의 자리에 경복궁이 건설되었다. 북악산 아래가 택지가 잘못되었다고 말하는 사람들은 당시부터 지금까지 이어지고 있다. 그러나 조선 은 500여 년 왕조를 이어왔다.

북악산 바로 아래 경복궁 뒤 약간 높은 곳에 청와대가 있다. 이곳 은 1426년(세종 8년)부터 경복궁의 후원이었던 곳으로 임진왜란 때 폐허가 되어 방치되어 있었다. 1865년(고종 2년)에 경복궁이 중건되 면서 이곳을 북원北苑이라 이름 짓고 중일각·오운각 등의 건물들 을 지어 과거장이나 연무장으로 사용했다.

일제는 이곳에 있던 융문당과 융무당부터 철거하여 공원화했고, 1939년에 1,930㎡의 총독 관저 건물을 지었다. 총독 관저는 1945 년 해방 후 미군정 기간 중에는 미군정 장관의 관저로 사용되었다. 1948년 정부 수립 후에는 경무대란 이름으로 대통령 관저가 되었 으며, 1960년 4·19 혁명 후에 청와대로 이름이 바뀌었다.

북악산은 1968년 1월 이후, 39년 동안 출입이 철저히 통제되어 바라만 볼 수 있는 산이었으나 2007년 4월에 전면 개방되었다. 오 랫동안 출입이 통제되어 자연 생태계가 우수한 상태로 남아 있고, 이 일대의 성곽은 비교적 보존이 잘 되어 있는 편이다.

숙정문

숙정문肅靖門은 서울의 북대문으로 원래 이름은 숙청문肅淸門이었으나 중종 이후에는 〈실록〉에 숙정문으로 기록되고 있다. 1396년에 처음 성곽을 쌓을 때 이 문은 조금 서쪽에 있었으나 1504년(연산군 10년)에 성곽을 보수하면서 지금의 위치로 옮겨졌다.

숙정문은 본래 사람들의 출입을 위해 지은 것이 아니라 동서남북 4대문의 격식을 갖추고, 비상시에 사용할 목적으로 암문으로 지어졌기 때문에 평소에는 닫아두었고, 앞뒤의 큰길은 만들지 않았다.

1416년(태종 16년)에는 〈기우절목〉을 만들어 가뭄이 심하면 숙정문을 열고 남대문을 닫았으며, 비가 많이 내리면 숙정문을 닫고 남대문을 열게 했다. 북쪽은 음, 남쪽은 양이라는 음양의 원리에 따른 것이다. 〈오주연문장전산고〉에 의하면, 숙정문을 열어 놓으면 장안의 여자들이 음란해지므로 항상 문을 닫아 두게 되었다고 했고, 〈동국세시기〉에는 정월 대보름 전에 민가의 부녀자가 세 번 숙정문에 다녀오면 그 해의 액땜을 할 수 있다는 말이 전해 온다고 했다.

태조가 건립할 당시에는 문루가 있었으나 연산군 시대에 재건할 때에는 문루가 없이 석문만 세운 것으로 추정된다. 1976년에 문루가 있는 현재의 모습으로 복원되었다.

〈2007년에 발행된 숙정문이 그려진 우표〉

성균관

성균관成均館은 고려 말기까지 개성에 있었으나, 1398년(태조 7년)에 현재의 위치인 서울 명륜동(옛 이름 숭교방)에 새로 건립되었다. 이 무렵 전국에 360여 개의 향교도 함께 설립되었다. 성균관은 유교 사회가 필요로 하는 인재를 키우던 곳으로 태학太學 · 반궁泮宮 · 현관賢關 · 근궁芹宮 · 수선지지首善之地라고 불리기도 했다. 성균관의 주요 건물로는 명륜당明倫堂 · 동재 · 서재 등이 있다.

문묘는 성균관과 함께 있다. 문묘는 공자와 중국 · 우리나라 성현의 제사를 지내는 곳이다. 현재 문묘 대성전에는 공자를 비롯하여 4성 · 10철 · 6현, 그리고 우리나라 18현의 위패를 모시고 있다. 문묘의 주요 건물로는 대성전大成殿 · 동무 · 서무 · 삼문 등이 있다.

성균관은 1400년(정종 2년)에 불에 타 없어졌으나, 1407년(태종 7년)에 다시 짓고 묘정비를 세웠다. 임진왜란으로 또 불에 타버린 것을 1601년(선조 34년)부터 대성전 및 명륜당과 부속 건물을 연차적으로 다시 짓고 보수했다.

성균관의 수장은 정 3품 대사성이었으며, 그 아래에 제주 · 악정 · 직강 · 박사 · 학정 · 학록 · 학유 등이 있었다. 초시인 생원시와 진사시에 합격한 유생儒生에게는 우선적으로 성균관에 입학할 기회

〈성균관 명륜당〉

가 주어졌다. 성균관 유생의 정원은 처음에는 150명이었으나, 1429년(세종 11년)부터 200명으로 고정되었다.

성균관 유생은 기숙사 생활을 했으며, 학문뿐 아니라 정치에도 참여해 집단 상소를 올리기도 하고, 요구가 받아들여지지 않으면 권당捲堂[수업거부]이나 공관空館[동맹휴학] 등의 실력행사를 하기도 했다.

1894년 갑오개혁으로 과거제도가 폐지되고, 개화의 흐름 속에서 근대적인 교육개혁이 추진되면서 성균관도 큰 변화를 겪게 되었다. 1910년에는 일제의 강압에 의해 명칭이 경학원으로 바뀌었다. 이후 명륜학원 · 명륜전문학교로 불리다가 1945년 광복과 더불어 성균관으로 환원되었다.

1946년 9월에 유림의 성금으로 성균관대학교가 설립되었으나 현재는 성균관대학교와 분리되어 있다. 지금은 전국 230여개의 향교와 더불어 유교사상과 전통문화 계승의 본산이 되어 있다.

성균관에서는 석전대제釋奠大祭를 올린다. 석전대제란 문묘에서 지내는 큰 제사로 예법과 음악이 존중되는 국가적 의례이다. 문묘대제라고도 하며, 매년 2월과 8월의 정해 놓은 날에 행해진다. 영신례 · 전폐례 · 초헌례 · 공악 · 아헌례 · 종헌례 · 음복례 · 철변두 · 송신례 · 망료의 순서로 진행된다. 연주되는 음악은 문묘제례악이라 하고 기악과 성악, 춤을 총칭하는 대성아악이다. 여덟 개의 아악기만 사용하고, 등가와 헌가 두 개의 악단이 절차에 따라 번갈아 연주한다.

3. 낙산

혜화문에서 출발하여 서울의 동쪽 성벽을 따라 낙산을 지나 흥인지문에 도착한다. 낙산은 산이라기보다는 언덕이라고 해야 할 것 같다. 평지에 남아 있는 서울의 성벽은 이곳뿐이다.

오후 코스 1:00 지하철 4호선 삼선교역(한성대 입구) 5번 출구 ➜ 혜화문과 주변 성벽→지하철역으로 되돌아와 3번 출구 ➜ 장수길 ➜ 낙산공원 ➜ 배드민턴장 앞 성벽 안쪽길 ➜ 충신 2길, 성터교회 패말 밑 통로 ➜ 성 밖으로 나옴 ➜ 성벽 바깥쪽길 ➜ 흥인지문 ➜ 오간수교에서 청계천으로 내려감 ➜ 청계천 ➜ 마전다리에서 올라옴 ➜ 광장시장

〈낙산〉

아무 때나 가고 싶을 때 가면 되는 시민의 공원이다. 암문을 통해 성벽 안팎을 드나들며 돌아보는 것이 좋다. 흥인지문을 지나 청계천을 한 구간 걸어 본다.

혜화문

혜화문惠化門은 숙정문과 흥인지문 사이에 있는 동소문으로, 1396년(태조 5년) 도성에 성곽을 쌓을 때 세워졌다. 처음 이름은 홍화문弘化門이었으나 1483년(성종 4년)에 새로 창건한 창경궁의 동문을 홍화문이라 함으로 1511년(중종 6년)에 혜화문이라고 이름을 고쳤다. 본래의 문루가 없어져 1744년(영조 20년)에 문루를 다시 지었다. 북대문인 숙정문이 항상 닫혀 있어 이 문이 북대문의 역할을 하면서 동북쪽을 통행하는 사람들이 이 문을 지나 다녔다.

일제 강점기인 1928년에 도시계획이라는 이름 아래 문루가 먼저 헐렸고, 1939년에는 전찻길을 내면서 석문까지 없어져 원래의 모습은 전혀 찾을 수 없게 되었다. 1995년에 본래 위치보다 약간 북쪽인 지금의 위치에 복원되었다. 근처 동네의 이름은 동소문동, 혜화동이라 한다.

〈1925년의 혜화문〉

낙산

낙산駱山은 도성의 동쪽에 자리하고 있다. 모양이 낙타등 같이 생겼다 하여 낙타산 또는 타락산이라고 했다. 높이 125m로 내사산 중 가장 낮다. 산세도 작고 평탄하여 정상 부근까지 사람들이 살고 있다.

태조가 건국 후 궁궐을 지으려고 할 때, 무학대사는 인왕산을 주산으로 삼아 그 아래 궁궐을 짓자고 했다. 그러면 주산은 인왕산, 앞쪽의 안산이 낙산, 좌청룡이 북악산, 우백호가 남산이 된다. 지금의 경복궁 위치와 시계 반대방향으로 90° 회전되는 것이다. 그렇게 되었다면 서울의 형태와 조선의 운명은 달라졌을지도 모른다.

한 예로, 좌청룡을 말해 본다. 좌청룡은 장자를 뜻한다. 조선은 왕위가 장자에게 계승되는 나라였다. 그러나 실제로 장자 계승이 성공적이었던 예가 별로 없었다. 그 이유가 경복궁의 좌청룡, 즉 낙산이 너무 부실하기 때문이라는 것이다. 만일 북악산이 좌청룡이 되었다면 장자들이 북악산처럼 강한 군주가 되었을 것이라는 것이 무학대사의 주장에 동조하는 후세 사람들의 이야기다.

낙산에 관한 기록을 문헌에서 살펴보면, 〈한경지략〉에는 낙산의 평평하고 비스듬히 잇닿은 봉우리 밑에 형성되어 있는 마을을 동촌이라고 기록했다. 유득공의 〈춘성유기〉에서는 태상사에서 바라본 낙산의 모습을 '흰 모래와 소나무들이 맑고 아름다워 마치 한 폭의 그림과 같다.'고 묘사했다.

낙산과 이 일대의 성곽은 일제강점기에 크게 파손되었고, 1960년대 이후에는 근대화 과정에서 무분별한 개발이 시행되었다. 서울시에서는 1999년에 이곳을 근린공원으로 지정하고 본래의 모습과 역사성을 복원하는 사업을 추진하여 2002년에 낙산공원이 조성되었다. 바로 아래 대학로에는 항상 젊은이들이 넘쳐난다.

흥인지문

흥인지문興仁之門은 서울 성곽의 동쪽 대문으로 흔히 동대문이라
고 부른다. 1398년(태조 7년)에 완성되었고, 1453년(단종 1년)에 보
수를 했다. 그러나 지금 있는 문은 1869년(고종 6년)에 새로 지은 것
이다. 처음 이름은 '흥인문'이었으나 고종 때에 새로 지으면서 이
름이 고쳐졌다. 낙산이 너무 짧고 산세도 빈약하여 흥인문의 이름
이라도 길게 하기 위하여 '갈 지之'자 한 글자를 더 넣어 '흥인지
문'이 되었다고 한다.

정면 5칸 측면 2칸의 2층 건물로 두 층 모두 겹처마이고 우진각
지붕이다. 전체 모양과 크기가 남대문인 숭례문과 비슷하지만, 조
선 초기 건축물인 숭례문의 장중함에 비하여 조선 후기의 섬세함
과 유약함을 보여주고 있다.

흥인지문은 도성의 8개 성문 중 유일하게 반원형 옹성을 쌓았다.
옹성은 태조가 성문을 지을 때 함께 완성되었고, 고종 때 크게 보
수한 것으로 보인다. 옹성이란 성문을 둘러싼 작은 성으로 방어에
효과적이다. 흥인지문에만 옹성을 쌓은 이유는 흥인지문 부근의
지형이 평탄하여 적을 방어하기에 불리하므로 그러한 약점을 보완
하기 위한 방책이었던 것으로 보인다.

1899년(고종 광무 3년) 5월에 일제에 의해 서대문~청량리간 전차
가 개설되면서 철로가 동대문 옆을 지나가게 되었고, 1908년(융희
2년) 3월부터는 도시계획이라는 이름으로 북쪽과 남쪽의 좌우 성벽
이 철거되기 시작하여, 동대문은 도로 가운데 남아 있게 되었다.

현재, 흥인지문 뒤와 양옆으로는 큰 도로가 있어 수없이 많은 차
량들이 지나간다. 진동과 매연으로 신음하고 있고, 겉모양도 때에
절어 꾀죄죄하다. 바로 밑의 땅속으로는 지하철 노선 두 개가 지나
가고 있다. 동대문은 대한민국 〈보물 1호〉다.

청계천

청계천淸溪川은 길이 약 11km의 하천으로 북악산 · 인왕산 · 남산
의 물이 모여 동쪽으로 흐르다가 왕십리 밖 살곶이다리 위쪽에서 중
랑천과 합쳐 서쪽으로 흐름을 바꾸어 한강으로 들어가는 물줄기다.

한양에 도읍을 정할 당시에는 자연 하천 그대로여서 비가 적은
계절에는 대부분 말라 있는 건천이었고, 비가 많이 내리는 여름에
는 유량이 크게 불어 홍수가 자주 일어났다. 1412년(태종 12년)에 개
거공사를 벌여 관리를 시작했고 이때 이름이 개천開川이 되었다.

세종 때에는 청계천을 도심의 생활하천으로 삼아 도성의 하수도
기능을 하게 함으로써 도성 전체를 깨끗하게 유지할 수 있게 했다.
1760년(영조 36년)에는 준설과 축대 건설 등 본격적인 치수사업을
실시했다. 이 무렵에 청계천 본류에는 모전교 · 광통교 · 장통교 · 수
표교 · 하량교 · 효경교 · 마전교 · 오간수문 · 영도교 등 9개의 다리
가 있었다. 일제강점기 초에 개천은 청계천으로 이름이 바뀌었다.

해방과 6 · 25전쟁 이후에는 빈민들이 청계천변에 모여 살아, 이
일대는 낙후 지역의 대명사처럼 되었다. 1958년부터 복개공사가
시작되어 1960년 4월에는 복개 구간 위에 도로가 개통되었다.
1976년에는 청계고가도로가 건설되었다. 서울시에서는 2003년부
터 안전과 생활환경 등의 이유로 청계천 복원사업을 시작하여
2005년 10월에 5.84km 구간이 도심 속 하천으로 복원되었다.

〈1950년대 청계천의 빈민가〉

4. 남산

서울 성곽 탐방의 마지막 구간으로 남산을 동에서 서로 횡단한다. 남산이 새로운 모습으로 눈과 가슴에 다가온다. 성벽은 끊어졌다 이어졌다 하며, 마지막 자리에 있어야 할 숭례문은 불타버려 장막으로 가려져 있다.

오후 코스 1:00 지하철 3호선 동대입구역 5번 출구 ➜ 동호대교 방향 약 100m ➜ 성곽로 안내판 ➜ 성벽길 ➜ 성벽 끊어짐 ➜ 왼쪽에 정자와 조망소 ➜ 타워호텔 ➜ 해오름극장 왼쪽 순환로 입구 ➜ 남측 순환로 ➜ 성곽탐방길 250m ➜ 남산 정상 ➜ 팔각정 ➜ 케이블카 승차장 옆 하산 ➜ 구 남산 식물원 ➜ 안중근의사 기념관 ➜ 백범광장 ➜ 숭례문 ➜ 남대문시장

〈남산〉

위에 있는 탐방 순서를 잘 따라 가도록 한다. 안중근의사 기념관은 설날과 추석만 휴관이고 연중무휴다. 다른 곳은 입장금지나 시간제한이 없다.

남산

남산南山은 서울 중심부 남쪽에 있는 높이 265m의 산이다. 북으로 북악산이 정면으로 보이고 남쪽 아래로 한강이 흐른다. 남산의 본래 이름은 인경산이었다. 조선이 서울로 도읍을 옮긴 후 나라의 평안을 기원하기 위해 인경산 정상에 목멱대왕木覓大王을 모신 목멱신사를 세웠고, 이때부터 인경산은 목멱산이라고 했다. 또한 남쪽에 있는 산이라 하여 남산이라고 불렸다.

목멱신사는 나라의 스승, 즉 국사인 무학대사가 세웠으므로 국사당이라고 했다. 지금의 남산 정상 팔각정 자리에 국사당이 있었으나 1925년 일제에 의해 인왕산 선바위 아래로 옮겨졌다. 일제는 그 해에 남산 서쪽 중턱에 40만㎡가 넘는 거대한 규모의 조선신궁朝鮮神宮이라는 일본 신사를 완공했다. 그리고 전 국민에게 신사참배를 강요했다. 해방 후 조선신궁 본전 자리에는 남산식물원이 들어섰으나 지금은 식물원도 이전하여 움푹 파인 자리만 남아 있다.

소나무는 애국가 가사에도 있듯이 남산의 상징적 나무다. 1411년(태종 11년)에 3천여 명을 동원하여 20여 일 동안 남산에 소나무를 심었고, 1467년(세조 13년)에는 소나무를 보호하기 위한 금송정책이 실시되었다. 일제는 소나무를 죽이기 위해 아카시아를 많이 심었으나 지금은 다시 아카시아를 없애고 소나무를 보호하고 있는 중이다.

임진왜란 때에는 북쪽 기슭에 주둔했던 일본군이 왜장대라는 성곽을 쌓기도 했다. 이때부터 시작된 일본의 남산 파괴는 조선신궁을 세움으로 극에 이르게 된 것이다.

서울시에서는 1991년부터 1998년까지 '남산 제모습가꾸기 사업'을 벌여, 현재 약 3백만㎡ 정도가 공원 지역으로 지정되어 있다. 정상에는 서울 N타워(236.7m)가 있고, 조선시대의 통신수단이었던 봉수대 1개소가 복원되어 있다. 태조 때 쌓은 정상 부근의 성벽 중 일부는 원형이 잘 보존되어 있다. 북쪽 기슭 아래 필동에는 남산 한옥마을이 있다.

서울 시민 중에 남산에 한 번도 안 올라가 본 사람이 의외로 많다.

안중근의사 기념관

남산 서쪽 중턱에는 남산공원이라는 공원이 하나 있다. 분수대가 있고, 남산도서관, 휴게소와 관리사무소, 지붕 위에 둥그런 돔이 달린 높고 큰 건물, 전에는 남산식물원도 있었다. 그 서쪽 맨 끝에 안중근安重根의사 기념관이 있다. 1970년에 건립된 기념관 옆에는 안중근의사의 동상이 있고, 앞에는 안의사의 글씨를 새겨 놓은 기념석들이 십여 개 놓여 있다. 이 일대의 건물 중 안중근의사 기념관이 가장 작다.

일제가 세운 조선신궁을 없애고, 일제의 기를 누르기 위해 이곳에 안중근의사 기념관을 세웠다는 말도 있는데, 과연 이 기념관이 일제의 기를 누를 만큼 힘과 위엄이 있는지 잘 모르겠다. 북향인데다가 앞의 육중한 건물에 압도되어 시야는 막히고 왜소해 보이기만 한다.

안중근은 1879년 9월 2일 황해도 해주에서 안태훈 진사의 장남으로 태어났다. 등에 북두칠성 모양의 점이 있다 하여 어렸을 때 이름은 안응칠安應七이었다. 7살 때 황해도 신천군 청계동으로 이사하여 서당에 다니면서 사냥꾼들과 어울리기도 했다. 19세에 천주교에 입교하여 토마스(도마)라는 세례명을 받았다.

이때는 이미 국운이 기울기 시작하여 안중근은 구국의 길을 걷기로 결심했다. 1906년에는 진남포로 이사하여 돈의학교와 삼흥학교를 세워 후진 양성에 힘을 쏟았고, 1907년에는 블라디보스톡에서 의병 활동을 준비했다. 1908년 의병을 일으켜 왜군과 전투를 벌였으나 화령 영산에서 크게 패하고 말았다. 의병 활동에 회의를 느낀 안중근은 다른 방도를 찾기 시작했다.

1909년 3월, 안중근은 11명의 동지와 함께 왼손 약지손가락 한 마디를 자르는 단지동맹을 결성했다. 은밀히 자신이 할 일을 찾던 안중근은 마침내 동지들과 함께 조선 침탈의 원흉 이토 히로부미를 총살하기로 결의했다.

10월 26일, 안중근은 하얼빈 역에서 기차에서 내리는 이토를 대한의군 참모중장의 이름으로 총살하고 '꼬레아 우라'를 세 번 외치고 그 자리에서 체포되었다. 뤼순 감옥에 투옥되었다가 1910년 3월 26일 32세의 나이에 교수형으로 순국했다. 시신은 근처 공동묘지에 버려졌으나 아직 뼈 한 조각 찾지 못 하고 있다. 뤼순 감옥에 있는 동안 자서전인 〈안응칠 역사〉를 썼고 많은 글씨를 남겼다.

안중근은 특등사수였다. 이토를 총살할 때 일곱 발을 쏘았는데 그 중 세 발이 늙은 도적의 몸통에 박혔다. 의장대 사이에 끼어들어 권총을 그렇게 빨리 발사하여 이런 명중률을 보였다는 것은 그가 얼마나 침착하고 대담했는지를 단적으로 보여주는 장면이다. 안중근은 실천가였다. 잡혀 죽을 줄 뻔히 알면서도 이토를 총살했다는 것은 의지와 용기를 행동으로 보인 것이다. 안중근은 사상가였다. 미완성의 〈동양평화론〉에서 그의 정치관과 세계관을 볼 수 있고, 그가 남긴 유필들에는 한결같이 뚜렷한 사상이 담겨 있었다. 안중근은 고결한 영혼의 소유자였다. 천주교 신자로 세례를 받았고, 가는 곳마다 사람들을 포용했다. 특히 그가 옥중에 있을 때 일본인을 포함한 많은 사람들을 감동시켰고, 원하면 글씨도 써주었다. 그는 영혼을 천주님께 의탁한 과묵한 인도주의자였던 것이다.

안중근이 쓴 〈안응칠 역사〉와 그의 재판기록 중에는 동지인 우덕순·조도선·유동하 등에 대해 별로 좋지 않게 평가하거나 비웃는 듯한 표현이 있다. 그 이유는, 공연히 동지들을 치켜세워 더 엄한 형벌을 받게 하는 것보다, 약간 비하함으로 동지들의 형량을 낮추어 훗날을 기약하는 기회를 주고자 했음이다.

안중근이 하얼빈에서 이토를 총살하자 일본은 화들짝 놀라 한국을 병탄하는 일을 서둘렀다. 결국 그 해 8월에 조선이라는 나라는 사라지고 말았다. 안중근 때문에 나라가 더 빨리 망했다고 할 수도 있겠으나, 안중근 아니어도 이때 이미 조선은 망할 수밖에 없는 나라였다. 안중근이 없었다면 조선은 그나마, 대한국인의 기백도 보여주지 못 한 채 흐지부지 사라지고 말았을 것이다.

지금 남산 공원은 무엇인가 어설퍼 보인다. 건물들은 산세와 어울리지 않아 부조화를 이루고 있고, 조경도 자연스러워 보이지 않는다. 조선신궁 본전이 있던 자리는 횅하니 비어 있다. 바로 그 자리에 안중근 기념관을 세우면 어떨까. 아주 장엄하고 우아하게, 안중근의사의 높은 정신과 힘찬 실천력을 함께 보여주는 품격 높은 건물을 지어 한때 전 국민이 신사참배를 강요당하며 머리를 조아리던 그 자리에서 안중근의사에게 지극한 숭모의 정을 보여야 할 것이다.

왜놈들이 가장 무서워하는 사람이 누구인가. 이순신과 안중근이다. 신사란 무엇인가. 일본인들이 자신들의 조상을 모시는 사당이다. 한때 잘못 찾아온 일본 혼령들이 머물던 신사 자리에 안중근이 권총 한 자루 뽑아들고 떡 버티고 있으면 왜놈들은 혼비백산하여 조선이 있는 쪽은 감히 쳐다보지도 못 할 것이다. 일본이 한 짓에 대한 반성과 후회를 이끌어낼 장소로 이곳보다 더 좋은 곳은 없다.

자신을 희생하여 한국인의 울분을 대신해 준 교육가며 사상가인 안중근의사가 쓴 말씀 몇 마디를 적어본다.

一日不讀書口中生荊棘
일일불독서 구중생형극
하루라도 책을 읽지 않으면 입안에 가시가 돋친다

言語無非菩薩手段擧皆虎狼
언어무비보살 수단거개호랑
말은 보살처럼 하지만 하는 짓은 호랑이다

國家安危勞心焦思
국가안위 노심초사
나라의 안위를 마음 태우며 걱정한다

숭례문

숭례문崇禮門은 서울 도성의 남쪽 대문으로 흔히 남대문이라고 부른다. 도성의 4대문 중 가장 사람의 출입이 빈번한 문이었다. 1398년(태조 7년)에 완공되었으나 그때 지은 문은 없어지고, 1447년(세종 29년)에 새로 지었다가 1479년(성종 10년)에 크게 보수를 했다. 〈지봉유설〉에 의하면, 숭례문의 현판은 마주 보이는 관악산의 화기를 누르기 위해 양녕대군이 세로로 썼다고 한다.

임진왜란 때 성내의 건물이 모두 불에 타 없어졌으나 이 문과 흥인문은 남아 있었다. 이유는 일본 장수들이 이 두 문을 통해 각기 입성하여 그것을 기념하기 위해 남겨두었다는 설이 있다.

1899년(광무 3년), 서울 시내 전차 노선 부설로 인하여 동대문·서대문 주변의 성벽이 헐리면서 숭례문 주변의 성벽도 훼손되기 시작했다. 일제강점기에는 도시계획이라는 이름 아래 숭례문 주변의 파괴가 가속화되었고, 특히 일제가 남산에 조선신궁을 지으면서 숭례문 남쪽부터 남산에 이르는 성벽은 완전히 사라져 버렸다.

〈숭례문〉

숭례문은 돌로 쌓아 만든 축대 가운데에 홍예문을 두고, 그 위에 정면 5칸 측면 2칸으로 지은 누각형 2층 건물이다. 우진각지붕이고 다포 양식이다. 형태가 휨이 심하지 않고 짜임도 튼튼하여 조선 초기 건축의 특징인 장중함을 잘 보여주고 있다.

서울에 남아 있던 목조건물 중 가장 오래된 건축물로 〈국보 1호〉였던 숭례문은 2008년 2월 11일, 한 시민의 방화로 다섯 시간만에 석문과 1층 일부만 남기고 모두 타버렸다. 이때 관리들의 책임감과 국민들의 가슴도 모두 함께 타버렸다.

둘. 삼국시대의 서울

한반도에는 선사시대부터 끊임없이 사람들이 살아왔다. 연천 전곡리를 비롯한 십여 곳의 구석기시대 유적지, 수백 곳에 이르는 신석기시대 유적지, 강화·고창·화순 등지에 수도 없이 널려 있는 고인돌 등을 통해 인류의 흔적을 확인할 수 있다. 남방식 고인돌과 북방식 고인돌이 만나는 지점도 한반도였다.

한반도 중에서도 한강 유역은 특히 중요한 곳이었다. 자연 환경과 지리적 조건이 우수하여 사람들이 모여 살 여건이 좋았던 것이다. 삼국시대에 들어오자 이곳의 쟁탈전이 본격적으로 전개되었다.

한강 유역에서 가장 먼저 성립된 국가는 백제였다. 한성 백제는 하남 위례성에 도읍을 정하고 국가를 이루었다. 475년에 공주로 천도하기까지 백제는 이곳에서 490여 년 동안 왕조를 이어갔다.

고구려는 광개토왕 때부터 시작된 남진정책으로 장수왕 때에 이르러 이 일대를 장악하게 되었다. 이 지역의 중요성을 알고 대군을 일으켜 백제 정벌에 나섰던 것이다. 백제를 남쪽으로 밀어낸 다음, 이곳을 지키고자 했다. 그러나 나·제동맹에 패해 다시 북쪽으로 물러날 수밖에 없었다. 백제는 고구려로부터 이곳을 회복했으나, 역시 이곳을 노리고 있던 신라와의 싸움에서 패배하여 물러날 수밖에 없었다. 이 지역을 최종적으로 장악한 나라는 신라였다. 백제·고구려·신라, 삼국의 왕들이 직접 나서서 치열하게 쟁탈전을 벌인 지역이 한강 유역, 지금의 서울인 것이다.

삼국시대부터 통일신라까지 나라별로 이 지역이 속해 있던 기간을 대략적으로 보면 백제 490여년, 고구려 70여년, 신라 340여년이었다. 그 다음에 고려 474년, 조선 518년, 일제강점기와 대한민국을 합해 100년이다.

5. 백제

초기 한성 백제의 주요 성터였던 풍납토성과 몽촌토성, 그리고 방이동 고분군과 석촌동 적석총에 가 본다. 백제의 유적지이지만 신라, 고구려의 흔적이 모두 있다. 삼국시대가 아득한 옛날인 줄 알았는데 그렇지도 않다.

하루 코스   10:00 지하철 5·8호선 천호역 10번 출구 ➡ 풍납근린공원 ➡ 풍납토성➡ 바람드리 7길 ➡ 풍납토성 ➡ 88대교 남단 ➡ 올림픽공원 동측 출입구(다리앞) ➡ 올림픽 공원 ➡ 몽촌토성 산책로 ➡ 평화의 문 ➡ 점심식사 ➡ 방이 사거리 ➡ 방이동 백제고분군 ➡ 백제고분 사거리 ➡ 송파 사거리 ➡ 석촌역 사거리 ➡ 석촌동 백제초기적석총 ➡ 삼전도비

〈서울시와 백제 유적지 일대〉

모두 개방된 장소다. 이동하기가 조금 지루하다고 느낄 때쯤 다음 유적지가 나타난다. 석촌역 사거리 부근에 삼국시대 유적은 아니지만 삼전도비가 있으니 그곳까지 가 보도록 한다.

풍납토성

　풍납토성風納土城은 서울 송파구 풍납동에 있는 토성으로 한성 백제(B. C. 18~A. D. 475)의 수도 하남 위례성으로 추정되는 곳이다. 하남 위례성은 백제의 시조 온조가 백성을 이끌고 남하하여 정착한 곳으로 지금까지 위치가 명확히 밝혀지지 않았으나, 최근 이곳이 하남 위례성이었다는 설이 크게 힘을 얻고 있다.

　서쪽은 한강에 바로 닿아 있고, 한강 건너에는 아차산이 있으며, 남쪽으로는 성내천을 사이에 두고 몽촌토성이 있다. 풍납토성은 둘레가 약 4km, 밑변 길이 30~40m, 평균 높이 15m 내외, 유역 면적 약 90만㎡으로 남북이 긴 타원형이다. 돌이 없는 평야지대이므로 여러 종류의 토사를 겹겹이 다져 2층으로 쌓았다. 이 토성 건설에 들어간 토사만 하여도 대략 1백만㎡로 이러한 규모의 토성을 쌓으려면 강력한 왕권 세력이 없이는 불가능하다.

　풍납토성은 기원전 2세기에서 기원후 3세기 사이에 축성되었고, 토성 안에는 궁전, 궁원, 제사 시설, 거주 지역, 도로 등을 갖춘 것으로 보인다. 동쪽면에는 4곳에 출입문 흔적이 남아 있다. 풍납리

〈풍납토성〉

식 민무늬토기, 그물추, 물레, 가락바퀴, 기와, 신라식 토기 등 선
사시대부터 삼국시대에 이르는 유물들이 출토되어, 백제 이전부터
삼국시대까지 사람이 살았던 곳이었음을 보여주고 있다.

풍납토성은 1925년의 을축 대홍수와 1970년대 이후의 도시개발
로 본래의 모습이 많이 훼손되었다. 1997년 이후에야 본격적으로
발굴 조사되기 시작했다. 2007년 6월에는 건평이 344.4㎡나 되는
대형 건물터가 발견되었다. 이 일대에서 최대 규모로, 구조도 일반
건축물과 다르고, 출토된 다량의 기와와 벽돌 등을 볼 때 궁전이나
제례 건물이었던 것으로 보인다.

풍납토성이 한성 백제의 수도 하남 위례성이었다는 것이 확인된
다면, 한국 고대사와 백제에 대한 연구는 한 차원 높아질 것이다.
그리고 서울은 삼국시대 이후 우리나라 2000여 년 역사 중 백제
500년, 조선 이후 600년, 합하여 1,100년 이상을 수도의 위치에
있던 도시가 된다. 이렇게 오랜 기간 동안 번영을 누린 도시를 수
도로 가지고 있다는 것은 세계 역사상 드문 일이다. 가까운 일본이
나 중국에는 이런 전통과 역사를 지닌 도시가 없다.

몽촌토성

몽촌토성夢村土城은 서울 송파구에 있는 토성으로 풍납토성 남쪽
끝과 300~400m밖에 떨어져 있지 않다. 위치·규모·유물 등으
로 보아 풍납토성·삼성동토성·이성산성 등과 함께 한성 백제의
주요 성 중의 하나로 추정된다.

둘레는 약 2.7㎞이고, 높이는 평균 6~7m이다. 표고 40m 내외
의 자연 언덕을 그대로 이용했으나, 필요에 따라 흙을 쌓거나 경사
면을 깎는 등의 공사를 했다. 동서 최장 540m, 남북 최장 730m의
마름모꼴이며, 동북쪽에는 외성 약 270m가 직선으로 건설되어 있
다. 목책을 설치했던 흔적과 해자를 설치한 것 등으로 볼 때, 북쪽
으로부터의 침입에 대비한 방어 또는 대피 기지 역할을 했던 것으
로 보인다.

성 내부에서는 움집터, 독무덤, 저장 구덩이 등 유구와 함께 무기, 낚시 바늘, 돌절구 등의 유물이 출토되었다. 중국 서진(265~316)의 동전무늬가 찍힌 자기 조각이 발견되어, 축조 연대가 3세기 말경까지 올라 갈 수 있게 되었다. 지표면에서는 주로 회백색 연질토기 등 삼국시대 전기 유물이 출토되었다. 그러나 백제가 웅진성 (지금의 공주)으로 옮겨간 475년을 마지막으로, 삼국시대 후기나 통일신라 · 고려 때에는 거의 주민이 없다가, 조선시대에 와서 다시 거주가 시작된 것으로 보인다.

1986년 아시안게임, 1988년 서울올림픽이 서울에 유치됨으로 경기장 건설 과정에서 이곳의 역사성에 대한 관심이 높아지기 시작했다. 1982년 7월에 사적으로 지정되었고, 1984년과 1985년에 두 차례 발굴조사가 이루어졌다. 88올림픽의 주요 경기장이 건립되면서 주변이 정비는 되었으나 원형은 크게 변형되었다. 몽촌토성은 올림픽공원 안에 들어가 있다.

〈몽촌토성〉

방이동 백제고분군

방이동 백제고분군芳荑洞百濟古墳群은 서울 송파구 방이동에 있는 봉분 무덤들이다. 표고 40m 내외의 낮은 언덕에 있는 8기의 무덤으로 봉분의 형태는 모두 원형이고, 지름 10~14m, 높이 2.10m~3m 다. 내부 구조는 수혈식 석곽과 횡혈식 석실의 두 형태가 있다. 제1·2·3·6·7·8호분 6기가 사적으로 지정되어 있다.

방이동 고분군의 제1호분은 횡혈식 석실분으로 백제 중기의 도읍지였던 공주 송산리 제5호분과 구조가 거의 같아 방이동의 구조 형식이 공주 고분으로 이어졌음을 알 수 있다. 또한 5세기 중엽에 일본 북큐슈 지방에 나타나는 횡혈식 석실분도 방이동의 구조와 유사하여 이 구조가 일본으로 전해졌음을 시사하고 있다.

방이동의 고분들은 얼마 떨어지지 않은 석촌동의 적석총(돌무지 무덤)과는 큰 차이를 보인다. 석촌동의 적석총들은 고구려의 영향을 크게 받았으나, 방이동의 무덤들은 외형이 경주의 고분들과 유사하며, 고분의 일부 출토품이 신라 후기 양식의 것들이다. 이 지역이 6세기 중엽부터 신라 영토가 된 사실을 고려하면 이 무덤들은 신라 고분일 가능성도 있다.

〈방이동 백제고분군 7 · 8 · 9 · 10호 고분〉

석촌동 백제초기적석총

석촌동 백제초기적석총石村洞百濟初期積石塚은 서울 송파구 석촌동
에 있는 한성 백제의 고분군이다. 1917년 당시에 이 일대에는 60기
이상의 적석총이 있었고, 돌이 많아 '돌마리' 라고 불리었다.

표고 20m 정도의 평지 위에 있으며, 막돌·포갠돌 등을 섞어 쌓아
만든 적석총을 비롯하여, 흙을 쌓아 분구를 축성한 봉토분·토광묘
·내원외방형內圓外方形 고분 등 시기와 형식이 다른 고분 8기가 있
다. 이 중 제 3·4호분이 사적으로 지정되었으며 둘 다 적석총이다.

제 3호분은 사각형의 단을 이룬 적석총이고, 3단까지 남아 있지
만 2단 이상이 더 있었을 것으로 추정된다. 아랫단은 길이가 남북
43.7m 동서 55.5m이고 3단까지의 높이는 약 4.5m이다. 출토된
유물로는 금제영락형 장식품 1점, 중국 육조시대 자기 항아리, 흑
도편, 회청색 연질 토기편 등이 있다. 이 고분은 중국 지린성 지안
현에 있는 장수왕의 무덤으로 추측되는 장군총將軍塚보다 규모가
더 크다. 구조 형태가 전형적인 고구려 계통의 발전된 기단식 적석
총으로 고구려의 영향을 받은 백제의 왕릉일 가능성이 크다. 근초
고왕(재위 346~374)의 무덤이라는 주장도 있다.

제 4호분은 3호분의 남쪽 옆에 있으며, 정사각형으로 잔 자갈을 깔
아 묘역을 먼저 구성하고 있다. 최하단은 한 변이 약 30m이고, 위로
올라가면서 작아진다. 원래는 적석총의 정상부에 둥근 봉토가 덮여
있었고, 제 2·1단은 석축 그대로 노출되어 있었던 것으로 추측된
다. 원형의 파손으로 세부적인 형태는 정확히 알 수 없으나, 고구려
의 환인 고력묘자 11호분의 구조와 비슷하여 전형적인 고구려 적석
총에 봉토분이 가미되는 단계의 형식이다. 고구려 적석총이 한강 유
역에서 지역적 변형을 가져온 백제식 적석총이라고 할 수 있다.

제 3·4호분 같은 대형 무덤 이외에도 소형의 널무덤 같은 평민
이나 일반 관리의 것으로 보이는 무덤들도 있다. 형태와 시기를 달
리하면서 형성된 무덤들이 있는 것으로 보아 이 일대는 오랜 기간
에 걸쳐 다양한 신분의 사람들 묘지였던 것으로 보인다.

석촌동 적석총 바로 밑으로는 지하 자동차도로가 있다. 다시 말해 적석총이 도로 위에 떠있는 상태인 것이다. 아무리 도로 교통상의 편의를 위한다 하더라도 무덤 아래로 차가 다니게 하다니, 그것도 1500년 이상 된 적석총 아래로, 참으로 유적에 대한 몰이해라고 할 수 밖에 없다.

〈석촌동 제 3호분〉

〈석촌동 제 4호분〉

6. 고구려

아차산 일대의 고구려 유적지를 돌아볼 때는 눈에 보이는 것만
으로는 실망할 수도 있다. 상상력과 통찰력을 총동원하여 눈앞에
고구려의 옛 모습을 그려보도록 한다. 서울에서 고구려의 흔적을
찾을 수 있다는 것만 해도 큰 기쁨이다. 고구려가 그립다.

하루 코스 10:00 지하철 5호선 광나루역 1번 출구 ➡ 아차산 입구
건너편 홍련봉 제 1·2보루 ➡ 아차산 관리사무소 ➡ 아차산성 ➡ 해
맞이 광장 ➡ 아차산 제 1·5·2·3·4보루 ➡ 도시락 점심식사 ➡
용마산 정상 ➡ 뻥튀기골 입구 하산 ➡ 능선길 하산 ➡ 용마산 제 2보
루 ➡ 대순진리회

〈아차산성과 한강〉

아차산성은 출입금지고, 보루들은 일부 조심스레 돌아 볼 수 있
다. 광진구청에 연락하여 안내를 받으면 아차산을 더욱 실속 있게
탐방할 수 있다.

아차산

   아차산阿且山, 峨嵯山은 서울의 동쪽 광진구와 경기도 구리시에 걸
쳐 있는 한강변의 높이 285m의 산이다. 조선시대까지는 지금의
용마산·망우산까지 포함하여 아차산 또는 용마산이라 했다. 아차
산 일대에는 많이 손상된 백제의 성벽 단편과 고구려의 아차산성
과 30개 가까운 보루가 있다.
   아차산은 본래 한성 백제 수도의 북쪽 최후 방어선이었다. 바로
아래 한강 건너에 있는 하남 위례성을 지키기 위해 산성을 쌓고 북
방의 적에 대비했던 것이다. 475년, 고구려 장수왕의 3만 대군이
아차산을 격파하고 수도 한성을 포위했다. 백제의 개로왕은 아들
문주를 남쪽으로 피신시킨 뒤 자신은 아차산 밑에서 고구려군에게
잡혀 참수되었다. 그리고 백제는 웅진(지금의 공주)으로 천도했다.
   백제의 천도 후, 고구려군이 아차산을 장악했다. 고구려군은 이
제는 남쪽의 적을 경계해야 했다. 남쪽으로부터 백제가 반격해 오
거나, 신라가 쳐들어 올 것에 대비해야 했기 때문이다. 고구려군은
아차산 남쪽 한강변에 아차산성을 쌓고 보루를 지었다.
   아차산성은 전체 길이 1,125m, 성벽의 높이는 바깥쪽이 평균
10m, 안쪽이 1~2m이다. 동·서·남쪽에 문이 있던 흔적과 물길,
문을 보호하는 곡성·건물터 등이 남아 있고, 토기·철기·무기류
등의 유물이 발굴되었다.
   보루란 둘레 300m 이하의 작은 성을 말하며 산줄기가 꺾어지는
곳, 작은 봉우리 등 전망이 트인 곳에 주로 형성되었다. 홍련봉 제
1보루는 아차산 남쪽 끝에 있어 한강과 강 건너를 조망하기 아주
좋은 위치에 있고, 이곳에서만 고구려의 고급 기와조각이 출토된
것으로 보아 고구려군의 최전방 지휘 본부였을 가능성이 크다.
   아차산성부터 용마산으로 이어지는 고구려 보루는 서로 긴밀히
연락하여 전체적으로 보면 하나의 장성長城 역할을 할 수 있었다.
적은 군사로 넓은 지역을 효율적으로 방어할 수 있는 고구려의 특
징적인 방어 시설이라고 할 수 있다.

고구려가 이곳을 장악한 지 75년이 지난 550년에 백제는 신라와 나·제동맹을 맺었다. 다음해, 백제의 성왕이 고구려로부터 이 지역을 탈환했다. 553년, 백제와 신라 사이에 다시 싸움이 벌어지고 성왕은 관산성에서 신라군에게 패해 전사했다. 성왕의 죽음 이후, 이 지역은 완전히 신라로 넘어갔다.

고구려 평원왕(재위 559~590)의 평민 출신 사위 온달 장군이 죽령 이북의 잃어버린 땅을 회복하고자 신라군과 싸우다가 아차산에서 죽었다는 기록이 있다. 온달이 죽은 곳이 이곳 아차산성이라는 설과 단양의 온달산성이라는 두 가지 설이 있다.

아차산에는 백제 성벽의 단편들, 고구려의 아차산성과 보루들, 신라의 유물 조각들, 고려의 삼층석탑, 사찰 바위에 새겨진 조선 상궁의 방문기록 등 곳곳에 유적들이 흩어져 있다. 이곳이 삼국시대와 그 이후에도 지리적·역사적으로 중요한 곳이었음을 말해 주고 있다. 지금도 등산로 아래에는 삼국시대의 유물들이 묻혀 있다고 한다. 아차산성과 16개의 보루가 사적으로 지정되어 있다.

용마산

용마산은 서울특별시 광진구 구의동과 중곡동에 걸쳐 있는 높이 348m의 산이다. 아차산과 이름만 다를 뿐 별도의 산이라고 볼 수 없을 만큼 두 산은 붙어 있다. 용마산은 서울 외사산의 동쪽 산이다.

용마산에도 보루의 흔적이 남아 있다. 정상에 있는 보루는 용마산 제3보루라 하며 이 일대에서 가장 높고 조망이 좋아 핵심 보루였을 것으로 보인다. 제3보루에서는 신라계 토기 조각이 수습되어, 이 보루는 신라의 보루일 가능성도 있다.

용마산 정상 제3보루 위에는 대삼각본점의 시설물이 설치되어 있다. 이 대삼각점은 서울 지역에 설치된 두 개의 대삼각본점 중의 하나로 1910년(순종 융희 4년)에 설치되어 1994년에 정비되었다. 위치는 위도 37°34′06″, 경도 127°05′41″이다.

7. 신라

북한산 비봉에 올라 사방을 바라보며, 비록 모조품이지만 비석을 쓰다듬어 본다. 1400여년 전 어떻게 이 높고 험한 곳에 비석을 세울 생각을 했을까 하는 궁금증이 머리에서 떠나지를 않는다.

하루 코스 10:00 지하철 3호선 경복궁역 3번 출구 → 버스 0212 → 종점 하차 → 이북 5도청 → 비봉탐방지원센터 → 비봉 → 진흥왕 순수비 → 도시락 점심식사 → 사모바위 → 승가사 → 구기탐방지원센터

〈북한산 비봉〉 가운데 튀어오른 부분이 비봉이다

비봉 정상 부근의 암벽이 위험하니 자신 없는 분들은 정상 아래의 우회길을 이용하도록 한다. 암벽 아래에서도 비석은 보인다.

북한산 신라 진흥왕 순수비

신라 진흥왕(재위 540~576년)은 551년에 백제와 함께 고구려가 점령하고 있던 죽령 이북의 한강 상류로 진격하여 10여 개의 군을 설치했다. 553년에는 백제가 차지하고 있던 한강 하류 지역으로 진출하여 백제를 축출하고 신주新州(뒤에 한주漢州로 고침)를 설치한 다음, 남한산성 부근 광주 지방을 중심지로 삼았다. 이때부터 서울 지역은 신라의 북방 경영의 군사적 거점이 되었다.

북한산 신라 진흥왕 순수비北漢山新羅眞興王巡狩碑는 진흥왕이 한강 유역을 영토로 편입한 뒤, 이 지역을 순방한 것을 기념하기 위해 높이 556m의 북한산 비봉 정상에 세운 비석이다. 비봉의 위치는 북한산의 남남서 방향 거의 끝 부분이며 북한산 전경과 한강, 멀리 아차산과 용마산 일대도 잘 조망되고 있다.

순수비의 건립 연대는 확실하지 않으나, 진흥왕이 이 지역을 순수한 555년(진흥왕 16년)과 황초령비가 세워진 568년(진흥왕 29년) 사이, 또는 그 이후로 추정되고 있다. 지금까지 발견된 진흥왕의 순수척경비는 창녕 척경비, 북한산 순수비, 마운령 순수비, 황초령 순수비 모두 4개다.

비는 직사각형의 다듬어진 돌을 사용했으며, 자연 암반 위에 2단의 층을 만들고 그 위에 세워졌다. 비석 상단에는 덮개돌을 씌웠던 부분이 있으나 덮개돌은 발견되지 않았다. 현재 남아 있는 비신은 높이 154cm, 너비 69cm이다. 비에 새겨진 글자는 12행에 행마다 32자가 해서체로 새겨져 있던 것으로 보인다.

이 비는 조선 초 무학대사의 비로 알려져 왔으나, 조선 후기의 금석학자 추사 김정희가 1816년(순조 16년)과 그 이듬해 비봉에 올라 비문을 판독함으로써 신라 진흥왕의 순수비임이 밝혀졌다. 비의 좌측면에는 당시 김정희가 이곳을 방문하여 비문을 판독한 사실이 새겨져 있다.

비의 손상이 심하여 1972년 8월에 경복궁에 옮겨 놓았다가 현재는 국립중앙박물관에 보관되어 있다. 본래 비석이 있던 자리에는 모조비석을 세워 놓았다.

순수비의 비문은 다음과 같다.
眞興王巡狩碑興太王及衆臣等巡狩管境之時記口口甲兵之口口口年口口口口霸
主設口賞口所用高祀口口口口口口相戰之時新羅太王德不口兵故口口口口强
建文大得人民口口口口口口口口口口口口口口口口口口如有忠信精誠口口
口口口口徒可加賞舜物以口口心引口衆路過口城陟口口見道人口居石窟口
口口刻石誌辭口口尺干內夫智一尺干沙喙口智近干南川軍主沙夫智及干未智
大奈末口口口沙喙屈丁次奈天指口口幽則口口口口口劫初立所造非口巡守見口
口口口口口刊石口口口記我万代名

옆면에 새겨진 추사의 비문은 다음과 같다.
此新羅眞興大王巡狩之碑丙子七月金正喜金敬淵來讀. 丁丑六月八日金正喜
趙寅永同來審定殘字六十八字

〈옮겨지기 전의 북한산 비봉 진흥왕 순수비〉

승가사

승가사僧伽寺는 서울 종로구 구기동 북한산 비봉 아래 동쪽 중턱에 자리한 절이다. 756년(통일신라 경덕왕 15년) 낭적사의 수태스님이 당나라의 서역 출신 고승 승가를 기리는 뜻에서 세웠다.

고려시대에 몇 차례 중수했고, 1422년(조선 세종 4년) 7종을 합하여 선교 양종으로 통합할 때 선종에 속하게 되었으며, 조선 후기에는 불교 부흥운동의 중심지가 되었다. 1941년에 도공스님이 크게 고쳤고, 6·25 때 불에 탄 것을 1957년에 도명스님이 다시 중수하여 오늘에 이르고 있다. 나라에 천재지변이나 큰 변고가 있을 때 승가사에서 기도를 드리면 언제나 효험이 있었다고 한다.

승가사는 신라 때 처음 세워진 절이지만 경내에는 고려의 석불들이 있다. 대웅전 위의 석굴인 약사전에는 1024년(고려 현종 15년)에 지광스님이 중심이 되어 광유 등이 조각한 높이 86.5㎝의 승가사 석조승가대사상이 있다. 약사불이라고도 불리는 승가대사상은 두건을 쓴 머리, 얼굴, 체구 등의 특징에서 고려 초기의 석조 승상 양식을 나타내고 있고, 긴 상체와 넓은 무릎은 고려 초기 철불과 유사한 특징을 보여주고 있다. 크게 표현된 오른손의 약지손가락을 가슴에 대고 있다.

더 위쪽의 108계단을 올라서면 앞으로 넘어질 듯한 암벽에 마애석불석가여래좌상이 있다. 높이 약 5m로 제작 연대는 고려 초기 10세기경으로 보인다. 통일신라시대의 마애불보다는 다소 둔화되고 형식화한 감이 있으나 신체 표현은 균형이 있으며 얼굴 표정에는 부드러움과 자비로움이 잘 간직되어 있다.

셋. 조선의 궁궐

왕조국가 조선의 궁궐은 한 국가의 중심으로서 왕과 왕실 가족이 거주하는 생활 공간인 동시에, 국가의 존엄성을 상징하고, 각종 법령과 제도를 의결하고 시행하는 정청이었다.

왕이 항시 주거하는 궁궐을 법궁, 법궁을 보완하며 제 2의 궁궐 역할을 하는 궁궐을 이궁, 왕이 되기 전에 살던 집[잠저潛邸]이었으며 가례 등을 행하는 곳을 별궁, 행차할 때 임시로 머무는 곳을 행궁이라 했다.

궁궐은 왕과 왕의 가족들이 생활하며, 한 국가를 경영하는 곳이므로 많은 사람들이 살며 드나들었다. 사용하는 사람의 신분과 용도에 따라 내전, 외전, 동궁, 후원, 궐내각사 등 여러 구역으로 나뉘었다.

내전은 궁궐의 주인인 왕과 왕비가 일상생활과 공식 활동을 하는 공간으로 궁궐의 중앙에 위치하고 있다. 내전은 왕이 기거하는 대전, 왕비가 기거하는 중궁전 또는 중전으로 나뉘며, 중궁전은 내전의 가장 안쪽에 있다.

외전은 왕이 신하들과 공식적으로 만나 나랏일을 의논하고, 의식이나 행사를 거행하는 곳이다. 외전의 중심 건물을 정전 또는 법전이라고 한다. 정전은 궁궐에서 가장 크고 화려하며 회랑으로 둘러싸여 있다. 정전 앞의 사각형의 마당이 조정이다. 조정에서 왕의 즉위식이나 외국 사신의 접견 등 국가의 큰 행사가 이루어진다. 넓은 의미로 조정이란 국가의 주요 기관 전체를 의미하기도 한다.

동궁은 왕위 계승자인 세자가 생활하고 활동하는 곳으로 떠오르는 태양이라는 의미에서 내전의 동쪽에 있다. 후원은 왕실의 휴식 공간으로 궁궐의 뒤쪽에 있다. 궐내각사는 궁궐 안에 들어와 활동하는 여러 관청 관리들의 활동 공간이다. 궁궐에는 왕과 왕비, 동궁 이외에도 왕실 가족들이 살며 이들을 시중드는 사람들도 많다. 이들의 주거 공간은 내전의 뒤편에 있으며 별도의 이름은 없다.

조선에는 5대 궁궐이 있었다. 주궁인 경복궁을 비롯해 창덕궁·창경궁·경희궁·경운궁이다. 창덕궁과 창경궁은 함께 묶어 동궐이라고 했고, 경복궁은 북궐, 경희궁은 서궐이라고 했다. 경희궁의 처음 이름은 경덕궁이었고, 경운궁은 지금 덕수궁이라고 불리고 있다.

태조 때 건설된 경복궁과 태종과 성종 때 각기 건설된 창덕궁과 창경궁은 1592년(선조 25년) 임진왜란 때 단 한 채의 건물도 남김없이 모두 소실되었다. 왜란이 끝난 후, 경복궁은 복구를 하지 못 했고 창덕궁과 창경궁을 형편에 따라 재건하였다. 그 즈음에 경운궁과 경희궁이 이루어졌다. 경복궁은 1868년(고종 5년)에 중건되었다.

조선의 왕들은 법궁과 이궁을 오가며 생활하고 업무를 수행했다. 또 시대에 따라 사용하는 궁궐이 달랐다. 연도별로 법궁과 이궁으로 사용했던 궁궐의 변천 과정을 살펴본다.

〈조선 궁궐의 변천 과정〉

연도	법궁	이궁	임시 이어
1395년 ~ 1592년	경복궁		
1405년 ~ 1592년		창덕궁	
1484년 ~ 1592년		창경궁	
1592년 ~ 1593년			의주 몽진
1593년 ~ 1615년			경운궁
1615년 ~ 1868년	창덕궁		
1616년 ~ 1868년	창경궁		
1624년 ~ 1868년		경희궁	
1868년 ~ 1896년	경복궁		
1868년 ~ 1907년		창덕궁·창경궁	
1896년 ~ 1897년			아관파천
1897년 ~ 1907년	경운궁		
1907년 ~ 1910년	창덕궁	덕수궁	

1910년 조선은 일제에게 나라를 잃었고, 조선의 궁궐들은 또 다시 일제에 의해 사라지기 시작했다. 일제강점기 몇 년 전부터 일제 강점기 동안에 사라진 궁궐 건물의 비율을 보면 경복궁은 95% 내외, 창덕궁은 80% 정도, 창경궁과 덕수궁은 90% 이상, 경희궁은 100%였다. 이 정도라면 남아 있는 부분도 궁궐 전체의 시각에서 보면 별 의미가 없다.

　　본래의 궁궐은 건물들이 빼곡히 들어차 빈 공간이란 대부분 마당뿐이고, 길도 수많은 크고 작은 문들을 통과해야 하고 미로처럼 복잡했다. 집을 먼저 짓고 그 사이사이가 길인 우리나라의 전통적인 주거지 형태와도 부합되는 구조였다. 지금의 궁궐처럼 넓은 공간에 건물이 듬성듬성 서 있는 것과는 전혀 다른 모습이었던 것이다.

　　일본은 임진왜란과 일제강점기 두 차례에 걸쳐 조선의 궁궐들을 아주 완전히 철저하게 박살을 내버린 것이다. 1945년에 광복이 되었으나, 5년 후, 1950년에 6·25 한국전쟁이 일어나 그나마 남아 있던 건물 중 몇 채가 또 파손되었다. 6·25가 끝난 다음 조선의 궁궐들은 소실되거나 변형된 채로 그대로 남아 있었다. 1970년대에 들어와 궁궐에 대한 인식을 새롭게 하면서, 복원이라는 이름으로 일제의 잔재가 철거되고 일부 건물들이 다시 지어지기 시작했다.

　　조선의 궁궐은 한 국가의 중심이었고 역사의 근원지였다. 궁궐이 없다면 왕조국가의 근본이 존재하지 않는 것이다. 불행하게도 우리는 조선의 궁궐을 거의 상실해 버렸다. 우리는 분노 속에서 궁궐의 전체 모습을 상상해 보거나, 아니면 체념한 채 눈에 보이는 것만 받아들이거나, 아니면 아무 것도 모르고 그냥 지내는 수밖에 없는 처지에 놓여 있는 것이다.

〈건축물의 각 부분〉

1. 지붕

지붕은 건물의 가장 위에서 눈·비를 막아주고, 추위·더위를 조절해 주는 역할을 한다. 재료에 따라 초가지붕·기와지붕 등이 있다. 기와지붕에는 모양에 따라 맞배지붕·우진각지붕·팔작지붕이 있다.

맞배지붕	가장 단순한 지붕 형태다. 건물의 앞에서 보면 지붕은 직사각형이고, 옆에서 보면 지붕의 경사면이 양쪽으로 비스듬히 내려오고 그 사이에는 가림판이나 벽면밖에 없다. 사당이나 사찰의 문, 평민의 집에 많다.	 서오릉 익릉 정자각 맞배지붕
우진각지붕	건물의 앞에서 보면 약간 곡선의 사다리꼴 모양이고, 옆에서 보면 지붕의 경사면이 양쪽으로 내려오고 그 사이에 삼각형 면이 하나 더 있다. 도성이나 궁궐의 문, 평민들의 집에 많다.	 창의문 우진각지붕
팔작지붕	윗부분은 맞배, 아랫부분은 우진각이 합쳐진 형태다. 앞에서 보면 중간까지 수직으로 내려오다가 경사면이 벌어진다. 옆에서 보면 윗부분은 벽면, 아랫부분은 기와지붕의 두 형태로 되어 있다. 궁궐이나 사찰, 개인집의 주요 건물에 많다.	 경회루 팔작지붕

2. 기둥

기둥은 건물을 지탱해주는 몸통을 이루는 부분으로, 원기둥과 각기둥이 있다. 원기둥이 각기둥보다 격이 높으며 궁궐, 사찰 등의 주요 건물은 원기둥이다. 원기둥의 옛 이름은 두리기둥이고 기둥 굵기의 변화에 따라 배흘림기둥, 민흘림기둥, 원통형기둥이 있다. 각기둥은 모기둥이라고도 하며 사각기둥, 육각기둥, 팔각기둥 등이 있다.

3. 공포

공포栱包는 지붕과 기둥 사이의 구조물로 처마를 깊게 하고, 지붕을 높여주고, 장식 역할을 하는 부분이다. 평민들의 집에는 공포를 만들 수 없었다. 주심포과 다포와 익공식이 있다.

주심포	기둥 위에만 공포가 있는 형태다. 고려 이전의 건물과 제례 건물, 일반 건물에 많다.	 부석사 무량수전 주심포　길상사 흥무전 주심포
다포	기둥 위는 물론 기둥 사이에도 1~4개의 공포가 더 있다. 고려 말 이후부터 궁궐이나 큰 건물에 만들어졌다.	 덕수궁 중화전 다포　경복궁 근정전 다포
익공식	가장 간단한 공포 형식으로, 주두 밑에 새의 날개 모양의 조각을 끼워 만든 형태. 초익공과 이익공이 있다. 임진왜란 후에 많이 만들어졌다.	 종묘 영녕전 초익공　종묘 영녕전 이익공

4. 처마

처마는 지붕이 집의 벽면 밖으로 나와 있는 부분이다. 비와 눈이 벽에 직접 닿는 것을 막아주고, 벽을 타고 흐르는 지표면의 온도를 조절해 준다. 모양에 따라 홑처마와 겹처마가 있다. 홑처마는 동그란 서까래만으로 이루어진 단순한 형태이고, 겹처마는 서까래 위에 네모난 부연을 이어달아 이중의 모양을 이룬 처마다. 궁궐 건물이나 규모가 큰 건물은 대개 겹처마다.

5. 칸

건물의 크기를 말하는 단위다. 기둥과 기둥 사이가 한 칸間이다. 기둥이 두 개면 1칸이고, 기둥이 세 개면 2칸, 다섯 개면 4칸이다. 정면 몇 칸 측면 몇 칸이라고 하고, '정면 칸수×측면 칸수'가 건물 전체 크기다. 칸의 크기는 일정하지 않고 건물에 따라 다르다.

8. 경복궁

경복궁은 위치나 규모나 건축미가 조선 제 1의 법궁답다. 그러나 본래의 모습을 찾을 길이 없어 좌절감이 크며 울분이 치민다. 일부 복원한다고 해서 사라진 궁궐 원래의 형태와 품위가 되살아날리 만무하다. 그래도 복원을 하기는 해야겠지만, 정신만 아득하다.

오후 코스 1:00 지하철 3호선 경복궁역 5번 출구 ➡ 국립고궁박물관 ➡ 흥례문 ➡ 근정문 ➡ 근정전 ➡ 수정전 ➡ 경회루 ➡ 사정전 ➡ 강녕전 ➡ 자선당 ➡ 비현각 ➡ 교태전 ➡ 흠경각 ➡ 함원전 ➡ 아미산 ➡ 자경전 ➡ 함화당 ➡ 집경당 ➡ 향원정 ➡ 태원전 ➡ 집옥재 ➡ 건청궁 ➡ 국립민속박물관

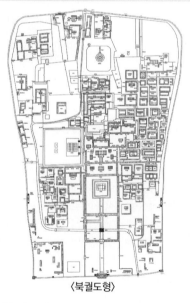

〈북궐도형〉

매주 화요일은 휴무다(국립고궁박물관은 월요일 휴관). 지하철역에서 바로 연결된다. 관광객들도 많고 행사도 많다. 천천히 안내판을 잘 읽어가며 돌아보는 것이 좋다.

경복궁

1392년 조선을 건국한 태조와 신료들은 1394년 10월에 한양으로 도읍을 옮기고 궁궐 건설을 서둘렀다. 북악산을 주산으로 삼고 임좌병향壬坐丙向(북북서에서 동동남을 바라봄)의 터를 잡았다. 궁궐 앞으로는 넓은 평지가 있고, 그 앞에 안산인 남산이 있으며, 내수인 청계천과 외수인 한강이 흐르는 명당이다.

12월 3일에 천지신명에게 고하고 1395년 9월에 궁궐의 낙성을 보았다. 명칭은 〈시경〉의 '군자만년 개이경복君子萬年 介爾景福'에서 따와 경복궁景福宮이라 했다. 내전 173칸, 외전 212칸, 궐내각사 390칸으로 모두 775칸 규모였다.

경복궁은 남북이 길고 동서가 짧은 直사각형의 담장으로 둘러싸여 있고 정남에 광화문, 정북에 신무문, 동에 건춘문, 서에 영추문을 세웠다. 정문인 광화문에 이어 흥례문-근정문-근정전-사정전-강녕전-교태전을 남북으로 직선으로 잇는 중심축이 경복궁의 중추다.

경복궁 건설 이후, 여러 차례 확장 공사가 있었다. 태종 때에는 경회루를 확장하여 지었고, 세종 때에는 집현전을 짓고, 시각을 알리는 보루각, 천문관측 시설인 간의대, 시각과 사계절을 나타내는 옥루기 등 전각과 시설이 수시로 건설되었다.

태조 등극으로부터 정확히 200년 후, 1592년(선조 25년) 임진년 4월에 왜군이 쳐들어와 임진왜란이 일어났다. 부산성이 함락되고 충주에서도 패하자 선조는 다급하게 피난길에 올랐다. 임금이 성문을 빠져나가자 성난 백성들이 불을 질러 경복궁은 모두 타버렸다. 태조 이래의 법궁 경복궁은 잿더미로 사라지고 터만 남은 것이다.

이제 경복궁 화재에 대한 진실을 밝혀야 할 때가 되었다. 경복궁은 정말 성난 백성들에 의해 다 타버렸는가, 아니면 침략 일본군의 방화에 의해 타버렸는가 하는 것이다. 당시 상황은, 4월 30일에 선조는 피난을 떠났고 그 날은 비가 많이 내렸다. 일본군은 5월 3일과 4일에 서울에 들어왔다. 일본 쪽의 사료에 의하면, 서울에 들어온 한 일본군 장수는 도성이 너무 귀하고 아름다워 말로 다 할 수 없다고 했고, 조용하여 적막감이 돈다고 했다. 심지어 한 장수는 근정전의 옥좌를 향해 절을 했다고 한다. 그리고 5월 7~8일에는 경복궁이 불에 타 버렸다는 것이 사료에 나타난다. 경복궁은 5월 4일부터 7일 사이에 타버린 것이다. 왕이 궁궐을 떠나자마자 타 버린 것이 아니고, 일본군이 진주한 다음에 타 버린 것이다.

누가 경복궁을 태웠을까. 조선의 문헌대로라면 조선의 난민·간민이다. 그러나 적군이 주둔하고 있는 궁궐에 어떻게 조선 백성들이 들어가 비운 지 며칠 되지도 않고 한두 채도 아닌 궁궐 전체를 태울 수 있단 말인가. 말이 안 되는 이야기다. 정황으로 볼 때, 경복궁을 태울 수 있었던 자는 오직 일본군뿐이다.

만일, 그 문헌에 오류가 있었고, 일본군이 방화의 진범이라면, 조선 백성들은 그 동안 방화범의 누명을 쓰고 있었던 것이 된다. 어떻게 이런 일이 일어날 수 있을까. 그것은, 허점이 있는 문헌을 이용하여 조선인을 폄하하고 분열시키고자 하는 일제의 간계와, 이를 조장하고 일반화시킨 일부 친일과 조선 학자들의 작태 때문이었을 것이다.

임진왜란 이후 270여 년 동안 경복궁은 말 그대로 붉은 맨땅과 잡초만 무성한 폐허로 남아 있었다, 그런 경복궁이 흥선대원군에 의해 1868년(고종 5년) 6월에 재건되었다. 다른 궁궐들의 규모와 품격을 훨씬 능가하는 대역사로 330여 동, 총 7,225칸에 담장의 길이는 1,761칸이었다. 7월 2일에 고종이 대왕대비를 모시고 새 궁궐로 이어하니 경복궁은 정궐로서의 위엄을 다시 찾았다.

경복궁의 중건도 논란의 대상이 되고 있다. 어려운 나라 살림과 정치적으로도 적절치 않은 그 시기에 꼭 재건을 해야 했는가, 아니면 왕실의 권위와 국가의 기강을 바로잡기 위해 필요한 일이었는가. 결과를 놓고 볼 때, 경복궁 중건은 대원군 실각의 한 요인이 되었다.

이때는 열강들의 세력 다툼으로 나라가 어지러울 때였다. 1895년 10월에는 명성왕후가 궁궐안에서 일본인들에게 시해되는 참사가 벌어졌다. 고종은 불안감을 감출 수 없어 1896년에 러시아 공관으로 거처를 옮겼다. 1년 후 러시아 공관에서 나와 경운궁에 머무르니 경복궁은 중건한 지 30년도 채 되지 않아 주인 없는 빈 집이 되고 말았다.

1910년 일제에 나라를 **빼앗겼다**. 그 얼마 전부터 일본은 빈집인 경복궁 안의 전·당·누각 등 총 7천여 칸 중에서 4천여 칸을 헐어 민간에 팔아버렸다. 조선 정궐의 건물들을 헐어 부재들을 돈 몇 푼 받고 조선인·일본인 아무에게나 팔아넘긴 것이다.

1920년에는 강녕전·교태전 등을 헐어 그 자재로 불탄 창덕궁의 내전을 다시 지었다. 자선당 자리에는 석조건물, 건청궁 자리에는 미술관이 들어섰다. 또한 전국에서 석탑 등을 들여와 곳곳에 놓고 일반에 공개했다. 유교 국가의 궁궐에 불교 사찰의 상징인 탑과 부도 등을 옮겨 놓음으로 정체성의 파괴를 시도했던 것이다.

1926년 10월에는 근정전 바로 앞에 조선총독부 청사를 지어 근정전을 완전히 가려버렸다. 조선총독부 건물은 일제가 공사 시작 14년만에 완공한 연건평 31,200㎡의 당시 동양 최대의 건물이었다.

1945년 8·15 광복 당시에 경복궁에는 근정전·사정전·수정전·자경전·경회루 등과 근정문·홍례문·신무문·동십자각 등 14개 동만 남아 있었다. 1868년 중건 당시의 동수나 칸수로 볼 때 4~5% 정도밖에 남아 있지 않았던 것이다.

광복 이후에도 조선총독부 건물은 건재했다. 미군정 기간 동안에는 미 군정청으로 쓰였고, 이때부터 중앙청이라고 불리었다. 중앙청은 초대 대통령의 취임식과 정부의 각종 중요 행사가 열리는 국가 최고의 건물이었다. 1986년부터는 국립박물관으로 사용되었다.

1990년부터 본격적인 경복궁 복원 사업이 시작되어 헐 것은 헐고, 옮길 것은 옮기고, 다시 지을 것은 다시 짓고 있다. 총독부 건물은 1995년 8월 15일, 광복 50주년을 맞아 완전 철거되었다.

한 가지 의문이 있다. 일제는 경복궁의 거의 모든 건물을 다 없앴으면서 왜 정작 중요한 근정전과 경회루 등은 남겨 놓았을까. 그뿐 아니라, 다른 궁궐에서도 정문과 정전은 남겨 놓았다. 왜 그랬을까. 답은 아마도, 일본에는 이렇게 장엄하고도 화려한 건물들이 없기 때문이며, 한편으로는, 먼 훗날에 이것도 자신들이 지은 건물이라고 억지 부릴 마음이 있었기 때문일 것이라고 추측된다.

경복궁의 과거가 어찌 되었든 오늘도 경복궁은 북적거린다. 어린이부터 외국인 단체 관광객까지 다양한 사람들이 밝은 표정으로 여기저기 기웃거리고 사진을 찍는다. 아름다운 고궁이라고 찬사를 남기는 사람들도 있다. 실망하는 사람은 조금 있는 것 같지만 서글퍼하거나 괴로워하는 사람은 없다. 그래, 그것으로 좋다. 지나간 일 한탄만 하고 있으면 무엇 하겠는가. 지금 좋으면 좋은 것이다. 가벼운 발걸음으로 경복궁을 한 바퀴 돌아보자. 지하철 출구에서 나와 관람하는 순서대로 알아보도록 한다.

국립고궁박물관

조선과 대한제국의 궁궐 관련 문화재 4만여 점을 소장하고 전시하는 박물관이다. 2층에는 제왕기록실·국가의례실·궁궐건축실·과학문화실·왕실생활실의 5개 전시실이 있다. 1층에는 탄생교육실·왕실문예실·대한제국실의 3개 전시실이 있고, 로비에는 어차가 두 대 전시 되어 있다. 지하 1층에는 궁중회화실·궁중음악실·어가의장실·자격루실의 4개 전시실이 있다.

여기에서 궁중의 생활과 문화를 개괄적으로 파악할 수 있다. 전시된 유물들을 살펴 본 다음에 조선의 궁궐을 돌아보면 왕실 생활 안팎의 모습을 훨씬 친밀하고 자세하게 알 수 있다. 궁궐 탐방의 예비지식을 쌓기에 아주 좋은 박물관이다.

〈자격루〉

광화문

광화문光化門은 경복궁의 남쪽 정문이다. 1395년(태조 4년)에 경복궁이 건설되고, 1399년(정종 1년)에는 궁궐 주위에 궁성을 쌓고 동·서·남쪽에 성문을 세웠다. 남문인 광화문의 처음 이름은 사정문四正門이었으나 1425년(세종 7년) 광화문으로 이름을 바꾸었다.

본래의 광화문은 석축 기단에 3개의 홍예문을 만들고 그 위에 정면 3칸의 2층 우진각지붕으로 된 목조 문루였다. 섬세한 수법과 웅대한 구조를 보여주고, 균형과 조화를 이룬 장려한 외관을 지닌 경복궁의 남정문이었다.

광화문은 임진왜란 때 불타 버렸다. 1865년에 재건되었으나 1927년에 총독부의 문화말살정책의 일환으로 동문인 건춘문 북쪽으로 이전되었다. 이 문은 6·25 한국전쟁 때 소실되었다. 1968년에 위치, 방향, 크기가 모두 잘못된 광화문이 철근 콘크리트 구조물로 복원되었다. 2006년 12월부터 광화문 복원 공사가 시작되어 잘못 복원된 광화문은 철거되었다.

서울을 상징하고, 대한민국의 기점이 되는 건물이 하나 있어야 한다면, 그것은 광화문일 것이다. 비록 불타고 파괴되어 다시 지어진 광화문이라 할지라도, 광화문은 서울의 역사와 정신을 계승하는데 가장 적합한 위치에 있는, 가장 친근한 이름의 건물이기 때문이다.

〈광화문〉

근정전

　근정전勤政殿은 경복궁의 정전으로 즉위식을 거행하고, 외국 사신을 맞아들이고, 임금이 신하들의 조하를 받고, 큰 연회를 베푸는 등 국가의 중요 행사가 거행되는 곳이었다.

　1395년에 지은 원래의 건물은 임진왜란 때 불타 버렸고, 지금 있는 근정전은 1867년(고종 4년)에 다시 지은 것으로 태조 때의 건물을 원래대로 재건한 것이 아니라 많이 변형된 것이다. 2층 건물로 정면 5칸 측면 5칸으로 25칸이다. 팔작지붕이고, 공포는 다포식으로 형태가 화려하다. 건물 내부는 아래 위가 트인 통층이다. 마루 안쪽 가운데에 어좌가 있고, 어좌 뒤에는 일월오악도 병풍이 놓여 있다.

　근정전에서 근정문에 이르는 길 좌우에는 관리들의 지위를 나타내는 품계석이 놓여 있으며, 햇빛을 가릴 차일을 칠 때 사용했던 고리가 앞마당에 남아 있다. 근정문 옆으로는 복도 건물인 회랑이 연결되어 근정전을 둘러싸고 있다.

〈근정전 진하도〉. 1887년

근정전은 경복궁에서 가장 중심이 되는 건물이다. 비록 조선총독부 건물에 가려 있기는 했으나 일제강점기에도 파손을 넘겨 무사히 오늘에 이르고 있다. 천번만번 다행이다.

수정전

수정전修政殿은 높고 넓은 기단 위에 자리잡고 있다. 건물 주위로 나와 있는 기단을 월대라고 하는데 월대는 격이 높은 건물에만 설치된다. 수정전에는 넓은 월대가 있다. 수정전은 칸수로만 보면 정면 10칸 측면 4칸의 40칸 건물로 근정전 25칸, 경회루 35칸보다 크다. 그러나 실제로는 두 건물보다 작다. 기단의 높이나 월대의 크기, 칸수의 규모로 보아 이 건물이 특별한 건물이었음을 알 수 있다.

원래의 건물은 임진왜란 때 불에 타 버렸고, 지금의 건물은 1867년에 재건된 것이다. 고종의 편전으로 쓰이기도 했고 1890년대에는 군국기무처, 내각의 청사로도 쓰였다. 재건 당시에는 주변에 200칸의 행각과 전각이 있었으나 일제강점기 때 모두 사라졌다.

수정전은 경회루 남쪽, 근정전과 내전의 서쪽에 있다. 더 서쪽에는 넓은 잔디밭이 있고 잔디밭 끝에는 경복궁의 서문인 영추문이 있다. 이 자리는 위치상 중요하고 바쁜 업무를 수행하는 사람들이 있을 건물들이 들어설 자리다. 수정전 서편, 넓은 잔디밭은 바로 경복궁의 궐내각사들이 모여 있던 자리다.

궐내각사란 왕을 가까이에서 모시면서 국정 전반을 이끌어 가던 관리들이 드나들며 업무를 수행하는 곳이다. 경복궁 창건 당시, 임진왜란 전, 고종의 재건 때에도 비슷한 규모의 궐내각사들이 모여 있었다. 세종 때 한글 창제의 본산이었던 집현전도 여기에 있었다.

지금 경복궁 안에 원래의 궐내각사 건물은 하나도 없다. 1910년을 전후하여 하나둘 없어지기 시작하여 1915년 일제가 '시정오년 기념 조선물산 공진회'를 이곳에서 열면서 궐내각사 건물들을 남김없이 모두 밀어버렸기 때문이다. 오직 수정전 하나만이 궐내각사들이 있던 한 쪽 끝에 외로이 자리를 지키고 있다.

경회루

경회루慶會樓는 근정전 서북쪽에 남북 113m, 동서 128m의 인공으로 만든 연못의 동쪽에 치우쳐 있는 사각형 섬 위에 세워진 누각이다. 나라에 경사가 있을 때나 외국 사신이 왔을 때 연회를 베풀던 장소이고, 임금이 통치자로서 위엄을 보이면서 백성과 관리들을 위해 잔치를 베풀던 장소였다.

경복궁 창건 당시의 경회루는 서쪽 습지에 연못을 파고 세운 작은 누각이었으나, 1412년(태종 12년)에 연못을 크게 넓히고 건물도 다시 지었다. 임진왜란 때 불에 타 돌기둥만 남았던 것을 1867년 4월 경복궁을 중창할 때 재건했다.

경회루는 정면 7칸 측면 5칸 규모의 2층 누각 건물이다. 지붕은 겹처마에 팔작지붕으로 내부 공간에 비해 매우 크다. 단일 평면으로는 우리나라에서 가장 큰 누각 건물이며, 2층에서는 백악산 · 인왕산 · 남산이 바라보인다.

태종 때에는 48개의 기둥에 꿈틀거리는 용을 조각했으나, 고종 때 다시 지으면서 용을 조각하는 장엄은 새기지 못했고, 간결하게 바깥쪽에는 네모기둥을, 안쪽에는 둥근기둥을 세웠다. 1층 바닥에

〈경회루〉

는 네모난 벽돌을 깔고 2층 바닥에는 마루를 깔았는데, 마루의 높이를 달리하여 지위에 따라 자리에 앉도록 했다.

경회루는 세 개의 돌다리를 통하여 육지와 연결되며, 남쪽의 넓은 것이 임금을 위한 다리다. 경회루 서쪽에 있는 네모난 섬 두 개는 당주이며, 소나무를 심었다.

경회루는 우주의 원리, 주역의 이치를 포함하여 당시의 세계관을 표현한 건축물이다. '하늘은 둥글고 땅은 모나다.' 는 천원지방天圓地方 사상, 천·지·인天地人 삼재三才 사상, 팔괘八卦 등이 상징적으로 이 건물의 구조에 적용되어 있다.

대한민국 사람으로 경회루 모르는 사람은 없을 것이고, 경회루에서 잔치가 열린다면 초대받고 싶지 않은 사람 없을 것이다. 한국의 달력이나 홍보물에 가장 많이 등장하는 건물이 경회루라고 한다.

사정전

사정전思政殿은 근정전 뒤 사정문 안에 있는 편전이다. 편전이란 왕이 평상시에 거처하면서 신하들과 만나 나라의 크고 작은 일들을 의논하고 결정하는 곳이다. 근정전은 외전이고 이곳부터는 내전이다. 천하의 이치는 생각하면 얻을 수 있고, 생각하지 않으면 잃는다는 뜻에서 사정전이라 했다.

사정문 안쪽에는 따로 일곽을 이룬 전각들이 있었는데, 사정전과 동쪽에 만춘전, 서쪽에 천추전이다. 본래는 둘레에 동서남북의 행각이 직사각형을 이루며 연결 배치되어 있었으나 지금은 행각 없이 따로 떨어져 마치 독립 건물처럼 보인다.

사정전의 창건 연대는 확실하지 않으나 세종 때에 이미 편전으로 사용되고 있었다. 원래의 건물은 임진왜란 때 소실되었고, 현재의 건물은 1867년에 중건된 것이다. 정면 4칸 측면 3칸으로 단층 팔작지붕의 다포 형식이다. 정전의 정북방에 위치하고 있어, 궁궐의 중심 건물들을 일렬로 배치하는 궁궐 배치의 원칙을 따르고 있다. 만춘전과 천추전은 6·25 전쟁 때 불타 버려 1995년에 다시 지었다.

강녕전

강녕전康寧殿은 왕이 일상생활을 하고 휴식을 취하고 잠도 자는 장소다. 이런 건물을 연침이라고 하며 침전 또는 연거지소라고도 한다. 강녕전에서는 연회를 베풀기도 했다. 왕실 가족이 연회를 즐길 때에는 강녕전 월대를 중심으로 임시 가설무대를 설치하여 궁중가무 등을 관람했다. 강녕전은 사정전 바로 뒤 역시 경복궁의 중심축 위에 있다. 이름은 〈서경〉 '홍범구주'의 오복五福 중에 세 번째인 강녕에서 따왔다.

1395년 경복궁 창건 때 지어졌으며, 1433년(세종 15년)에 보수를 했고, 1553년(명종 8년)에 불탄 것을 이듬해에 중건했다. 임진왜란 때 불타 없어진 것을 1865년 경복궁 중건 때 다시 지었다. 정면 11칸 측면 5칸으로 웅장한 건물이다. 이익공 겹처마에 무량각 지붕이다. 무량각이란 용마루가 없는 건물이다. 용으로 상징되는 임금의 침전에 용마루를 올릴 수 없기 때문이라는 설이 있다. 경복궁의 강녕전과 교태전, 창덕궁의 대조전, 창경궁의 통명전 등 침전으로 쓰이던 전각들은 모두 무량각이다.

1917년 11월에 창덕궁 내전에 큰 불이 나자, 일제는 이를 복구한다는 구실로 강녕전을 비롯한 경복궁 내전 건물 대부분을 헐어 건축 자재로 썼다. 강녕전은 헐려서 창덕궁의 연침인 희정당의 자재로 쓰였다. 강녕전이 있던 자리에는 전국 각지에서 강제로 가져온 석탑과 부도 등이 놓였고 주춧돌마저 남아 있지 않았다.

강녕전을 헐어 그 자재로 창덕궁 희정당이 지어졌고, 현재의 강녕전은 전혀 새로운 자재와 방식으로 1995년 12월에 다시 지어진 것이다. 어느 것이 진짜 강녕전이라고 말하기 어렵다.

교태전

교태전交泰殿은 왕비의 침전으로, 왕의 침전인 강녕전 바로 뒤에 있다. 교태전은 중궁전으로 왕비의 침전이면서 내명부를 총관하는 왕비의 업무 장소였다. 이 건물 역시 경복궁의 중심축 위에 있으며 중심축의 마지막 건물이다.

교태전은 경복궁 창건 당시에는 없었으나, 1443년(세종 25년)에 증축되었다는 기록이 있다. 1553년(명종 8년)에 불에 타 이듬해에 중건했으나 임진왜란으로 다시 불타 버렸다. 1865년에 중건되었으나, 1876년에 불에 타버렸고, 1888년에 재건했다. 1890년대에 그려진〈북궐도형〉과 이 시기에 편찬된 〈궁궐지〉 등을 보면 중건된 교태전의 규모 및 배치 형식을 알 수 있다.

교태전 뒤뜰에는 경회루를 지을 때 연못에서 파낸 흙으로 쌓은 아미산이라는 작은 동산이 있다. 백두산에서 시작한 백두대간이 남쪽으로 내려오다가 금강산 위에서 한북정맥이란 줄기를 하나 뻗어냈다. 한북정맥이 계속 내려오다가 끝자락에 북한산에 이르고, 북한산에서 다시 작은 가지 하나가 뻗어나니 이것이 백악산이고, 백악산의 마지막 끝가지가 아미산이고, 아미산에 피어난 꽃이 교태전이라는 설이 있다. 아미산에는 꽃무늬를 새긴 독특한 굴뚝이 남아 있어, 왕비 침전의 위상을 보여주고 있다.

1917년에 창덕궁 대조전이 불에 타자 교태전을 헐어 대조전의 자재로 사용했다. 교태전이 있던 자리에는 석탑과 부도 등 전국에서 강제로 가져온 석물들이 놓여졌다. 경복궁의 강녕전과 교태전은 각기 창덕궁의 희정당과 대조전으로 변신한 것이다. 지금의 교태전은 1995년에 강녕전과 함께 다시 지어진 것이다.

자경전

자경전慈慶殿은 교태전 동쪽에 자리잡고 있다. 1865년에 경복궁을 재건하면서 자미당 자리에 지어져 처음에는 고종의 편전으로 사용되었다. 1873년(고종 10년)에 화재로 타버린 것을 3년 후에 다시 세웠으나, 또 불에 타 1888년에 재건한 것이 지금까지 남아 있다. 자경전에는 고종의 양모인 신정왕후 조대비가 1890년(고종 27년)에 83세로 승하할 때까지 살았다.

자경전을 중심으로 동남쪽에는 다락집인 청연루, 서북쪽에는 협경당이라는 세 건물이 나란히 붙어 있다. 자경전은 정면 10칸 측면 2칸의 익공계 팔작지붕이다. 전면 마당 동·남·서쪽에는 각각 행각이 일곽을 이루며 마당을 둘러싸고 있다. 건물 중앙에 교태전과 같이 넓은 대청을 두고 양쪽으로 큰 온돌방을 둔 침전의 기본 형식을 갖추었다.

자경전 뒷편 북쪽 담에 붙어 있는 굴뚝에는 왕족의 장수와 건강을 기원하는 십장생 무늬가 새겨져 있고, 서쪽 벽돌담에는 꽃과 나비 등이 새겨져 있다.

국립민속박물관

경복궁 북동쪽에 국립민속박물관이 있다. 국립민속박물관은 1972년에 불국사의 청운교와 백운교, 법주사의 팔상전, 금산사의 미륵전, 화엄사의 각황전 등을 본따 건설되었으나, 그 어느 건물과도 닮지 않았다는 평을 듣고 있다. 처음에는 국립중앙박물관으로 사용되다가 1993년 2월부터 국립민속박물관으로 사용되고 있다.

3개의 전시시관이 있으며, 제 1전시관은 한민족 생활사, 제 2전시관은 생업·공예·의식주, 제 3전시관은 한국인의 일생이라는 이름이 있다. 한국의 서민 백성들의 살아가는 모습을 모형과 실물을 통해 볼 수 있게 했다. 어린이 민속박물관과 야외박물관이 따로 있다.

9. 창덕궁

창덕궁 후원 부용정 옆에 서서 부용지 일대와 하늘을 번갈아 바라보며 왕조와 궁궐 생활에 대해 생각에 잠겨본다. 왕들은 행복했을까, 나는 행복한가, 지금 이 순간 나는 행복하다. 그런데 해설사가 빨리 가잔다.

오후 코스　1:00 지하철 3호선 안국역 3번 출구 ➡ 창덕궁 ➡ 1:15 안내에 따라 창덕궁 입장 ➡ 2:40 창덕궁 퇴장 ➡ 현대 사옥 ➡ 북촌문화센터 ➡ 중앙고등학교길 ➡ 인촌 김성수 기념관 ➡ 중앙고 정문 앞에서 왼쪽으로 ➡ 가회동 11번지 ➡ 가회동 31번지 ➡ 북촌 1로 · 2로 · 4로 · 5로 · 3로 ➡ 운현궁 ➡ 인사동

〈동궐도〉. 273cm×584cm

매주 월요일은 휴무다. 매시 15분과 45분에 안내에 따라 단체입장을 하고, 관람시간은 1시간 20분 정도다. 옥류천과 낙선재는 별도로 입장해야 하고, 매주 목요일은 자유 관람으로 일반 관람은 없다. 창덕궁 관람 후 시간적 여유가 있으므로 북촌 한옥마을과 운현궁과 인사동까지 가 보도록 한다.

창덕궁

1392년에 건국된 조선은 1398년(태조 7년)에 새로 지은 경복궁에서 왕위 계승 문제로 왕자들 사이에 1차 왕자의 난이 일어났다. 화가 난 태조는 정종에게 양위하고 고향 함흥으로 가버렸다. 다음 해에 정종은 개경으로 도읍을 옮겼다. 1400년(정종 2년) 1월에는 2차 왕자의 난이 개경에서 일어나고, 그 해 11월에 태종이 즉위했다.

태종은 1405년에 한양으로 재천도했다. 그러나 7년 전, 형제간에 골육상쟁이 벌어졌던 경복궁을 비워두고, 경복궁 동쪽 향교동에 이궁을 짓고 창덕궁昌德宮이라 이름지어 그곳에 머물렀다. 내전 118칸, 외전 74칸 규모였다. 법궁인 경복궁은 그대로 두고 이궁 창덕궁이 새로 건설된 양궐 체제가 형성된 것이다. 창덕궁의 위치는 북한산 보현봉이 바로 바라보이는 자리다.

궁궐의 주요 건물은 중심축을 형성하며 일렬로 배치되는 것이 원칙이다. 그러나 창덕궁은 주요 건물들이 중심축 선상에 있지 않고 일정한 체계가 없이 자유롭게 배치되어 있어, 얼핏 보면 무질서해 보이기도 한다. 그러나 자연 지형의 굴곡과 방향을 잘 이용하여 조화를 이루도록 건물을 배치함으로 보다 안정감과 친근감이 있는 궁궐의 형태를 이루었다.

이후 창덕궁에는 광연루·금천교·진선문 등이 세워지고, 1412년에는 정문인 돈화문이 건립되었다. 세조 때에는 인정전을 다시 짓고, 전각의 명칭을 새로 정했으며, 후원을 두 배 이상 크게 넓혔다.

1592년 임진왜란으로 창덕궁도 모두 불타 버렸다. 다음해에 환도한 선조는 경운궁에 임시 머물 수밖에 없었다. 어느 궁궐을 먼저 복구할 것인가에 대해서는 1605년(선조 38년)에 가서야 본격적으로 논의되기 시작했다. 마땅히 법궁인 경복궁부터 재건해야 했으나 창덕궁부터 재건하기로 결정되었다. 경복궁 재건은 인력과 물자가 많이 들고, 경복궁이 풍수상 불길하고, 창덕궁이 비록 이궁이기는 하지만 그때까지 왕들이 가장 많이 거처하던 궁궐이기 때문이라는 것이었다. 1607년(선조 40년)에 복구가 시작되어 1610년(광해군 2년)

에 창덕궁 재건은 거의 끝났다.

　광해군은 창덕궁을 중건했으면서도 창덕궁으로 이어하는 것을 몹시 꺼렸다. 창덕궁에서 단종과 연산군이 폐출되었다는 것이 이유였다. 1611년 10월 광해군은 창덕궁으로 이어했으나 20여 일만에 다시 경운궁으로 돌아왔다. 3년 반을 더 경운궁에 머물다가 1615년 4월에 완전히 창덕궁으로 옮겨갔다. 이로써 창덕궁은 이궁으로 출발했으나 이때부터는 법궁의 위치에 서게 되었다.

　1623년 인조반정으로 광해군이 축출되고 인조가 즉위했다. 이때 창덕궁은 인정전을 제외한 많은 건물들이 소실되었고, 다음해에 일어난 이괄의 난으로 다시 크게 파손되었다. 인조는 이괄의 난을 피해 공주로 피신 갔다가 경덕궁으로 이어했다. 3년 후 1627년에는 정묘호란으로 인조는 강화도로 두 달 반 동안 피난을 갔다가 돌아왔다. 9년간 경덕궁에 머문 인조는 1632년 창덕궁으로 돌아왔다가 다음해에 창경궁으로 옮겼다. 1636년 12월에는 병자호란으로 다시 궁궐을 비우고 남한산성에 들어가 저항하다가 다음해 1월 청에 항복하고 창경궁으로 들어갔다.

　인조반정과 이괄의 난으로 파손된 창덕궁은 정묘호란과 병자호란 두 차례의 호란으로 재건이 계속 미루어져 오다가 1647년(인조 25년)에 가서야 복구가 완료되었다. 재건에는 광해군이 짓다 말은 인왕산 아래 인경궁의 건물들을 헐어 그 자재들을 사용했다. 1868년에 경복궁이 중건되어 고종이 경복궁으로 옮기자 경복궁이 법궁이 되고 창덕궁과 창경궁은 다시 이궁이 되었다.

　1907년 8월 27일, 일제의 강압에 의하여 고종이 퇴위하고 순종이 즉위했다. 순종은 그 해 11월 13일 경운궁에서 창덕궁으로 이어했다. 3년 후, 1910년 8월 22일 창덕궁에서 '일한병합조약'이 이루어지므로 조선이라는 나라는 망하고 말았다. 나라가 망하니 궁궐도 아니요, 단지 전왕이 거처하는 곳이 되었다. 1917년에는 창덕궁 내전에 일제의 방화 혐의가 짙은 대화재가 일어나 적어도 수백 칸이 재로 사라졌다. 1926년 4월 순종이 대조전에서 승하하니 이제 창덕궁은 명목상으로도 궁궐로서의 수명을 다하고 말았다. 순종이 승하하자 일제는 기다렸다는 듯이 창덕궁을 일반에게 개방하여 궁궐 훼손을 조장했다.

일제강점기 동안에 다른 궁궐들은 거의 대부분이 파손되어 원래 건물의 잔존 비율이 10% 이하인데 비하여 창덕궁은 대략 21%쯤 남아 있다. 더구나 후원에 남아 있는 정자는 90% 가까이 원형을 유지하고 있다. 그러나 조금 많이 남아 있다고 해서 안심할 일은 못 된다. 건물 내부 외부에 일본식 · 서양식이 알게 모르게 섞여 있어 원래의 모습이 변형되고 왜곡된 것들이 많기 때문이다. 자칫하면 왜곡된 것을 원래의 모습으로 알 위험성이 도사리고 있다.

창덕궁의 훼손은 해방 이후에도 계속되다가 1976년 이후에야 보존을 위한 조치들이 취해지기 시작했다. 창덕궁에서 문화재로 지정된 건물은 인정전 · 인정문 · 선정전 · 희정당 · 대조전 · 구선원전 등이다. 1990~1999년에 대규모 보수가 진행되었고, 1997년 12월에 창덕궁과 후원은 유네스코 세계문화유산으로 등록되었다.

돈화문

돈화문敦化門은 창덕궁의 정문으로 창덕궁의 중앙이 아닌 서남쪽 모서리에 남향으로 서 있다. 동서로 긴 궁궐의 형태와 서쪽에 있는 정궁 경복궁에 가까이 있고자 하기 때문인 것으로 판단된다. 정문 돈화문과 정전 인정전은 일직선상에 놓이지 않고 인정전은 돈화문의 동북쪽 뒤에 놓여 있다.

돈화문은 1412년(태종 12년)에 건립되었다. 임진왜란 때 불에 탄 것을 1607년(선조 40년)에 다시 짓기 시작하여 1609년(광해군 1년)에 완공되었다. 그때의 문이 지금까지 남아 있어, 돈화문은 현존하는 궁궐의 정문으로는 가장 오래 된 문이다. 1721년(경종 1년)에 한 차례 보수한 기록이 있다. 〈조선왕조실록〉에는 1413년(태종 13년) 문에 동종銅鐘을 걸었다는 기사가 있다. 시각을 알려주거나 비상시에 타종했던 것으로 보인다.

정면 5칸 측면 2칸의 2층 우진각지붕이고 다포 형식이다. 궁궐의 정문 가운데 정면이 5칸 규모로 된 것은 돈화문뿐이다. 석축을 쌓아 만든 경복궁의 광화문과는 달리 석축 없는 2층 건물이다. 창덕궁은 경복궁보다 한 단계 아래의 이궁이었기 때문이다. 돈화문은 대표적인 이궁의 정문이고, 화려하지는 않지만 소박하면서도 위엄이 있는 궁궐문이다.

선원전

창덕궁 안에는 선원전이 둘 있다. 구선원전과 신선원전이다. 선원전璿源殿이란 태조와 현 왕의 4대조의 어진御眞을 모셔놓고 탄신일이나 기일 등에 수시로 왕이나 왕실 사람들이 제사를 지내는 장소였다. 궁궐 밖에 있는 종묘는 역대 왕과 왕비의 위패를 모셔놓고 국가적 행사로 제사를 지내는 곳이고, 선원전은 궁궐 안에서 제사를 지내는 왕실의 사당이었다. 선원전은 제사용 건물이므로 구조가 간결하고 장식이 없다. 궁궐 안에서 가장 신성한 곳이고, 왕이 궁궐을 옮길 때에는 이곳의 어진부터 모시고 갔다.

창덕궁 내의 선원전은 원래 춘휘전이었던 건물을 1656년(효종 7년) 광덕궁의 경화당을 옮겨지어 사용하다가, 1695년(숙종 21년)에 선원전으로 이름을 바꾸었다. 이것이 지금까지 남아 있고 구선원전이라고 부르고 있다. 부속 건물들은 일제강점기에 모두 사라졌으나 2005년에 복원되었다.

1927년 일제는 창덕궁 후원 서북쪽 대보단이 있던 자리에 일본식으로 선원전을 새로 지어 어진을 옮기고 신선원전이라고 했다. 대보단은 임진왜란 때 조선에 원군을 보낸 명나라 신종의 제사를 지내던 곳이다. 일제가 신선원전을 창덕궁 구석에 새로 지은 것은 조선과 명의 왕실 제사를 동시에 소멸시키기 위함이었다.

신선원전에 있던 11점의 어진들은 1950년 한국전쟁 때 부산으로 옮겼다가 모두 불에 타 없어졌다. 지금 구선원전과 신선원전은 신주도 없고 어진도 없이 비어 있고, 일반인의 출입도 금지 되어 있다.

인정전

인정전仁政殿은 창덕궁의 법전이다. 1405년(태종 5년) 창덕궁 창건 때 지어졌으나 임진왜란 때 소실되었다가 1609년(광해군 1년)에 복구되었다. 1803년(순조 3년)에 다시 소실되어 다음해 중건했다. 1856년(철종 7년)에 보수공사를 한 모습이 현재에 이르고 있다.

정면 5칸 측면 4칸, 팔작지붕의 중층 건물이다. 내부는 통층으로 되어 위아래가 트였고 기둥은 모두 원기둥이다. 인정전은 구조와 외양이 건실하며 운치와 미려함을 갖추고 있다. 흥선대원군이 경복궁의 근정전을 재건할 때 이 건물을 모범으로 삼았다고 한다.

인정전은 조선시대에는 궁궐을 대표하는 건물이었다. 그 훌륭한 전통이 일본의 침략으로 무너지기 시작했다. 조정에는 박석이 치워지고 잔디가 깔렸다가 1990년대에 다시 박석이 깔렸고, 지붕 용마루 양성에는 조선 건축 방식에는 없는 대한제국 황실의 문장인 오얏꽃 문양 다섯 개가 박혀 있고, 내부에는 서양식 물품이 설치되어 있다. 인정전 내부와 외부에 외래의 형태가 첨가된 것을 자연스러운 서구 문명의 도입으로 보는 의견도 있지만, 이것은 참으로 수긍하기 어려운 소견이다.

〈인정전〉

선정전

선정전宣政殿은 인정전의 동쪽 뒤에 있는 편전으로 역시 행랑으로 둘러싸여 있고, 인정전과 마찬가지로 남향이다. 선정전은 왕이 신하들과 나라 일을 의논하고 왕비와 함께 크고 작은 행사를 하던 곳이다. 이곳은 왕의 집무실이지만 왕비가 이용하기도 했다. 성종 때에는 왕비가 노인들에게 잔치를 베풀기도 했으며, 누에를 치는 행사도 했다. 명종 때에는 문정왕후가 이곳에서 수렴청정을 했다. 그러나 순조 이후에는 선정전 대신 희정당을 편전으로 주로 사용했다.

1405년(태종 5년)에 처음 지어졌으나, 임진왜란 때 소실되어 1609년(광해군 1년)에 다시 지었으나 인조반정 때 또 소실되어 1647년(인조 25년)에 인왕산 기슭에 있던 인경궁을 헐어 옮겨와 다시 지었다. 정면 3칸 측면 3칸으로 겹처마에 팔작지붕이고 다포 형식이다. 선정전은 창덕궁에 남아 있는 건물 중 유일하게 청기와를 얹었다. 주위에 서행각 19칸 북행각 10칸 남행각 11칸이 있었다. 지금 있는 선정전 앞의 복도각은 1997년에 복원된 것이다.

희정당

희정당熙政堂은 선정전의 동쪽, 대조전 남쪽에 위치하고 있다. 원래는 내전에 속한 침전 건물이었으나 순조 때부터 편전으로 이용된 듯하다. 창건 연대는 확실하지 않으며, 1496년(연산군 2년)에 숭문당이 소실되어 재건할 때 이름을 희정당이라고 바꾸었다. 임진왜란 때 소실되었다가 1609년에 다시 지어졌다. 인조반정 때 또 소실되었다가 1647년에 재건되었고, 1833년(순조 33년)에 다시 소실되어 이듬해 재건되었다.

1917년에 창덕궁 내전에 큰불이 났다. 일제는 경복궁의 강녕전을 헐어 그 자재로 타버린 희정당을 다시 지으려고 했으나 1919년 고종이 승하하고 3·1운동이 일어나 재건이 늦어지면서 1920년에 완공되어 오늘에 이르고 있다.

인조 때 재건 당시에는 15칸에 지나지 않았으나, 지금은 정면 11칸 측면 4칸, 44칸의 큰 건물이 되어 있다. 응접실과 회의실의 바닥마루·창문·휘장·벽면 등을 양식으로 꾸미고 양식 테이블을 놓았다. 건물 앞쪽에는 전통 건물에서 볼 수 없는 현관을 만들고, 자동차가 들어설 수 있는 시설도 갖추었다. 겉모양은 조선의 건물이 분명한데, 낯설게 보인다.

대조전

대조전大造殿은 창덕궁 내전에서 왕비가 거주하는 중궁전으로 출입이 엄격히 통제되는 궁궐의 중심부에 위치하고 있다. 궁 밖에서 대조전까지 가려면 돈화문과 진선문 등 적어도 다섯 개의 문을 통과해야 이를 수 있다. 대조전은 희정당 바로 뒤에 희정당과 복도로 연결되어 있다. 이곳에서 성종과 인조와 효종이 승하했고, 순조의 장남으로 후에 익종으로 추존된 효명세자가 태어났다.

대조전의 창건 연대는 확실하지 않고, 1496년(연산군 2년)에 중수했다는 기록이 있어 그 이전에 지어졌음을 알 수 있다. 임진왜란 때 소실되었다가 1609년에 다시 지었다. 인조반정 때 또 소실된 것을 1647년에 인경궁의 경수전을 철거하여 이건했다. 1833년 또다시 소실되어 이듬해 재건되었다.

〈대조전〉

희정당과 마찬가지로 1917년에 불에 탄 것을 경복궁에 있던 교태전을 헐어 가져와 1920년 완공하여 오늘에 이르고 있다. 인조 때 재건될 당시 45칸 규모의 건물이었으나, 정면 9칸 측면 4칸의 36칸으로 줄어들었다. 용마루를 두지 않은 팔작지붕이다. 정면 9칸 측면 4칸 중에서 가운데 정면 3칸 측면 2칸은 통칸으로 하여 거실로 삼았으며, 거실의 동서 양쪽으로 각각 정면 2칸 측면 2칸을 통칸으로 하여 왕과 왕비의 침실을 두었다. 1926년 4월 25일 순종이 이곳에서 승하했다.

후원

창덕궁 뒤 북쪽에는 45만여㎡에 이르는 큰 규모의 왕실 후원後園이 있다. 금원禁苑, 북원北苑 또는 비원秘苑이라고도 불리는 이 후원은 왕과 왕실 가족들이 공부를 하고 산책을 하던 곳이다. 때로는 사냥을 하고 무술도 연마했으며, 제사를 올리고 연회를 베풀기도 했다. 창덕궁 후원의 조성 형태와 그 안의 정자들과 건축물들에는 한국 조경과 건축의 특성을 알 수 있는 배치 기법, 자연을 이용하는 원칙이 잘 나타나 있다.

후원은 태종 때 조성되기 시작한 것으로 보인다. 1406년(태종 6년) 4월에 광연루가 지어졌고, 동북쪽에 해온정을 지었다는 기록이 있다. 세조는 1459년 9월에 창덕궁으로 이어하면서 후원에 못을 파게 했고, 그 후 본격적으로 후원을 조성했다. 이때 후원 동쪽 담을 넓혔는데, 대체로 지금의 경계선과 일치된다.

후원의 정자들은 일제에 의한 훼손이 거의 없었다. 일제는 자연 속에서 자연과 함께 일체를 이룬 정자들은 무지 또는 무관심으로 인해 그냥 지나쳐 버렸던 것이다.

비원이란 명칭은 1903년(광무 7년) 11월에 처음 보인다. 일반인이 접근할 수 없다는 뜻에서 그러한 이름을 붙인 것도 일제의 영향이다. 그러나 실제로는 많은 연회를 베풀고 일반인들도 접근할 수 있게 했다. 이름은 비원이지만 공개된 장소가 되어 버린 것이다.

창덕궁의 내전 구역과 동궁 구역 사이의 작은 언덕을 넘으면 후원이다. 후원에 들어서면 가장 먼저 이르는 곳이 부용지芙蓉池 일대로 후원 중에서 경관이 가장 뛰어난 곳이다. 부용지는 동서 34.5m, 남북 29.4m의 네모난 연못으로, 연못 중앙에 소나무를 심은 동그란 작은 섬이 하나 있다. 하늘은 둥글고 땅은 모났다는 천원지방 사상을 담고 있는 것이다. 부용지 북쪽 면에는 '열 십十'자 모양을 이루는 부용정이라는 정자가 있는데 기둥 두 개는 연못에 담그고 있다.

부용지 서쪽으로는 사정기비각이 있고, 부용정 건너 경사진 언덕은 화계로 꾸며져 있다. 회계 위에는 이층 누각 주합루가 서 있다. 정조는 즉위하던 해에 주합루가 완성되자 아래층을 규장각이라 하여 수만 권의 책을 보존하는 서고로 꾸몄다. 정조의 왕권 강화에 대한 의지의 한 표출이라고 볼 수 있다. 영화당은 부용지 동쪽에 동향으로 서 있는 건물로 이 일대에서 가장 오래된 건물이다. 선조·효종·현종·숙종의 글씨가 남아 있고 현판은 영조의 친필이다. 앞의 넓은 마당은 과거 시험을 치르는 과장으로 쓰였다.

부용지 다음은 애련정 일대다. 불로문을 지나면, 애련정 서쪽으로 순조의 아들 효명세자의 개인 서실이었던 기오헌이 있다. 효명세자는 이곳에서 국가 통치의 구상을 한 것 같으나 일찍 죽어 뜻을 펴지 못 했다. 다음에 연경당이 있다. 순조가 1828년에 사대부 집 형식으로 지었다는 연경당에서는 왕과 왕비가 사대부 생활을 체험할 수 있도록 했다. 왕이 사대부의 생활을 체험해 보고자 했다는 점이 이해되기 어렵지만, 사대부에 짓눌린 순조의 심정을 대변해 주는 건물이기도 하다.

다음은 관람정 일대다. 한반도 모양의 연못을 끼고 부채꼴 모양의 특이한 형태를 지닌 관람정과 중층 건물 같이 보이는 존덕정이 있다. 후원의 훨씬 깊은 곳으로 경사지를 따라 오솔길 계단을 만들었고, 몇 개의 괴석이 시선을 머물게 하는 곳이다.

후원의 가장 깊숙한 곳은 옥류천 일대다. 맑은 물이 흐르는 작은 계곡인 옥류천 계곡에는 소요정·취한정·청의정·태극정·농산

정 등 5개의 정자가 있다. 청의정은 초가 정자로 그 앞에 작은 논이 있다. 임금이 농부들의 수고를 체험하기 위해 직접 농사를 지어, 여기서 나온 볏짚으로 청의정의 지붕을 이었다고 한다.

후원의 많은 정자들이 오늘날과 같은 모습을 갖추게 된 것은 인조 때부터. 인조는 탄서정·운영정·청의정 등을 세우고 옥류천이라는 친필을 바위에 새겨 놓았다. 그 후에 낙민정·취규정·심추정·취미정·취향정·팔각정·취승정·관풍각 등이 세워졌다. 숙종은 주로 영화당 주변을 꾸몄고, 애련정과 그 주변에 청심정·능허정·희우정·영암정 등을 조성되었다. 순조 때 건물로는 의두각·기오헌·연경당·농수정 등이 있으며, 조선말과 일제 초의 건물로는 승재정·관람정이 있다.

후원은 조선시대에는 왕실 가족들만의 공간이었으나 이제는 누구나 거닐 수 있는 곳이 되었다. 그러나 어떤 사람이 이곳을 거니는가가 중요한 것이 아니고, 어떤 마음을 가지고 이곳에 있는가가 중요하다. 후원의 가치는 자연의 이치와 역사의 흐름을 마음에 간직할 수 있는 사람만이 누릴 수 있을 것이다.

〈부용정, 부용지, 어수문, 주합루〉

낙선재

낙선재樂善齋는 창덕궁의 동남쪽에 창경궁으로 이어지는 자리에 있어 위치상 창경궁의 일부로 보기도 한다. 낙선재와 석복헌, 수강재 세 건물을 합하여 보통 낙선재라고 부른다. 세 건물은 각기 위쪽에 정자를 하나씩 가지고 있다.

낙선재는 1847년(헌종 13년) 옛 낙선당 터에 건립되었다. 동쪽 옆에 같은 시기에 헌종이 경빈 김씨를 위해 지었다는 석복헌이 있고, 끝에 1820년대 이전에 건립된 것으로 추정되는 수강재가 있다. 낙선재는 정면 6칸 측면 2칸의 단층 팔작지붕 건물로 누마루가 깔려 있고, 모두 17.5칸 규모다. 건물과 마당이 아담하고 정갈하며, 헌종의 명에 따라 단청은 하지 않았다. 낙선재는 헌종이 별장처럼 지은 건물로 헌종의 개인적 취향이 담겨 있다.

1917년 창덕궁에 큰 불이 났을 때는 순종도 낙선재에 머문 적이 있다. 이후 궁궐은 비었어도 이곳에는 왕실 가족들이 머물러 살고 있었다. 1926년 마지막 임금 순종이 승하하자 황후인 순정효왕후 윤씨가 1966년 승하할 때까지 이곳에 머물렀다. 덕혜옹주도 1962년 낙선재로 돌아와 여생을 보내다가 1989년 타계했다. 1963년에 고국으로 돌아온 영친왕과 부인 이방자 여사는 1970년과 1989년에 이곳에서 생을 마감했다.

1989년이라면 불과 20년 전이다. 그때까지 조선의 왕족들은 비록 궁궐의 한 귀퉁이지만 아직 궁궐에서 생활하고 있었다. 그러나 이제 창덕궁은 사람이 사는 곳이 아니고, 단지 유적으로만 남아 있다. 조선은 사라졌고, 조선의 왕가도 더 이상 왕가가 아니다. 조선이 일제에 망하지 않았다면 이 나라의 역사는 어떻게 전개되었을까 하는 상상을 해보게 하는 곳이 이곳 낙선재다.

이방자 여사가 타계한 후 약 15,000㎡ 규모의 낙선재 일곽에 대한 보수와 복원이 이루어졌다. 1992년부터 시작하여 1996년 정비 공사가 완료되어 현재 일반에 공개되고 있다.

10. 종묘와 창경궁

가. 종묘

종묘 정전과 영녕전 앞에서 경건한 마음으로 조선의 왕들에 대해 예의를 표한다. 왕조를 500여 년 이어갔다는 것은 대단한 일이다. 종묘에 계신 열성조의 음덕일 것이다. 그런데, 우리 후손들을 위해 왕조를 좀 더 잘 이끌어 갈 수는 없었을까.

오후 코스 1:00 지하철 1호선 종로 3가역 11번 출구, 3호선 · 5호선 8번 출구 ➔ 종묘 ➔ 망묘루 ➔ 공민왕 신당 ➔ 향대청 ➔ 재궁 ➔ 수복방 ➔ 전사청 ➔ 공신당 ➔ 칠사당 ➔ 정전 ➔ 영녕전 ➔ 악공청 ➔ 종묘와 창경궁 사이 육교

〈종묘의 신도神道〉

종묘와 창경궁은 매주 화요일에 쉰다. 종묘를 한 바퀴 돌고 육교를 건너 창경궁으로 간다. 입장료 1,000원에 두 곳 모두 갈 수 있다.

종묘

　종묘宗廟는 역대 왕과 왕비의 신위神位를 모셔놓고 제사를 지내는 곳이다. 종묘제도는 중국에서 시작되었다. 〈예기禮記〉에 기준을 두었으나, 후한시대에 이르러 동당이실同堂異室, 즉 한 건물에 실만 따로 하는 제도가 시행되기 시작했다.

　우리나라의 종묘에 대한 기록은 삼국시대부터 보인다. 백제 온조왕이 동명왕묘를 세웠고, 신라에서는 시조묘를 세웠고, 고구려에서는 392년(고국양왕 9년)에 종묘를 수리했다는 기사가 있다. 고려에서는 동당이실에 5묘제로 하고 종묘 또는 태묘太廟라고 했다.

　조선의 종묘는 1395년(태조 4년) 9월에 좌묘우사左廟右社의 원칙에 따라 경복궁 동쪽에 건립되었다. 동당이실의 원칙에 따랐고 신실 5칸 규모였다. 곧 개성에서 태조의 4대조 신위를 모셔왔다. 세종대에 이르러 정종이 승하했을 때 정전의 신실 5칸은 이미 모두 차 있었다. 세종은 정면 4칸, 좌우에 익실 1칸씩을 더한 별묘를 새로 지어 영녕전이라 했다. 태조의 고조부인 목조부터 태조의 4대조의 신위는 모두 영녕전에 옮겨 모셔졌다.

　정전은 서상西上의 원칙에 따라 서쪽부터 상실로 하여 태조를 제 1실에 모셨다. 태조와 현 왕의 4대조의 위패는 정전에 모시고, 5대조 이상 국왕의 위패는 영녕전에 옮겨 모셨다. 이것을 조천祧遷이라고 하는데 나라에 끼친 공이 크다고 인정되는 왕은 불천위라 하여 5대가 지나도 영녕전으로 옮기지 않았고 이를 세실世室이라고 했다.

　1546년(명종 1년)까지 종묘에 계속 신위를 모셔왔으나 임진왜란 때 도성에 침입한 일본군이 종묘를 모두 불태워 버렸다. 그러나 일본군은 조선왕들의 사당인 종묘에 주둔하기에는 두려움을 느껴 다른 곳에 주둔했다고 한다. 1608년(광해군 1년)에 중건되었으며 이때 정전은 11실, 영녕전은 10실 규모였다. 1726년(영조 2년) 정전에 4칸이 증축 되었고, 마지막으로 1834년(헌종 2년)에 정전 동쪽으로 4칸의 증축이 있었다. 현재 정전에는 19실에 49위, 영녕전에는 16실에 34위의 신위가 모셔져 있다.

종묘 정전과 영녕전의 건축 형태는 단순 질박하다. 선왕들의 영령을 모시는 곳이므로 왕이 생활하는 궁궐보다 더 높은 격조의 형식을 요구했던 것이다. 다른 어떤 건물과도 비교될 수 없는 단순하면서도 고결한 품격의 건축 양식을 보여주고 있다.

정전과 영녕전의 각 실은 전면에 문을 달고, 삼면은 벽으로 하여 내부가 어둡다. 안쪽에 신위를 모시는 감실이 있고, 그 앞에 제사를 지내는 공간이 있다. 각 실마다 문이 두 짝 있는데 문짝이 조금씩 맞지 않아 그 틈새로 혼령이 드나들 수 있게 했다는 설이 있다. 판문 밖으로 툇칸이 한 칸씩 있다. 제사 준비 등을 행하는 곳이다. 이러한 공간 구성은 제사를 지내는데 필요한 최소의 공간이면서 더 이상 아무 것도 필요 없는 최대의 공간이기도 하다. 신실들이 한 줄로 길게 늘어서 전체 형태를 이루고 있다.

정전 앞 남동쪽에는 공신당功臣堂이 있다. 16칸의 긴 건물로 공신 83위가 모셔져 있다. 정전 앞 남서쪽에는 계절별 일곱 소신이 모셔져 있는 칠사당七祀堂이 있다.

본래 동궐과 종묘는 북한산에서 응봉으로 이어지는 지맥을 이어받아 지어진 건물들이었다. 일제는 종묘를 동궐로부터 떼어내 지맥을 끊고 조선의 왕기王氣를 재기불능으로 만들어 버리고자 했다. 창덕궁 돈화문 앞부터 창경궁 동남쪽 모서리 끝까지 도로를 내어 동궐과 종묘 사이를 끊어버린 것이다. 조선 왕가의 선조와 후손 간의 영적 교류를 원천적으로 단절시켜 버렸던 것이다. 지금 종묘는 율곡로라는 도로를 사이에 두고 동궐로부터 떨어져 있다. 일제가 가설한 육교 하나로 창경궁과 종묘가 연결되어 있을 뿐이다.

1960년대까지도 종묘는 사람들의 관심에서 멀어져 있었다. 한 왕조의 가장 신성하고 엄숙한 정소가 마치 귀신들이 사는 음침한 장소처럼 인식되기도 했다. 일제의 의도대로 되었던 것이다. 1971년부터 종묘제례가 다시 거행되고 종묘의 소중함을 인식하게 되어 이제는 가장 고귀하고 자랑스러운 조상의 유산이 되었다. 종묘는 1995년 유네스코에 세계문화유산으로 지정되었다.

종묘 정전

정전正殿에는 19실에 19위의 왕과 30위의 왕후 신위가 모셔져 있다. 박석이 깔린 이중으로 된 넓은 월대 위에 지어진 단일 건물로 전체 길이는 101m다. 20개의 기둥이 열을 지어 서서 19칸의 신실을 만들고 있다. 홑처마에 맞배지붕이며, 배흘림 원기둥이다.

〈정전에 신위가 봉안된 왕과 왕비〉

실 별	신 위
제 1실	태조고황제, 신의고왕후 한씨, 신덕고왕후 강씨
제 2실	태종대왕, 원경왕후 민씨
제 3실	세종대왕, 소헌왕후 심씨
제 4실	세조대왕, 정희왕후 윤씨
제 5실	성종대왕, 공혜왕후 한씨, 정현왕후 윤씨
제 6실	중종대왕, 단경왕후 신씨, 장경왕후 윤씨, 문정왕후 윤씨
제 7실	선조대왕, 의인왕후 박씨, 인목왕후 김씨
제 8실	인조대왕, 인열왕후 한씨, 장렬왕후 조씨
제 9실	효종대왕, 인선왕후 장씨
제 10실	현종대왕, 명성왕후 김씨
제 11실	숙종대왕, 인경왕후 김씨, 인현왕후 민씨, 인원왕후 김씨
제 12실	영조대왕, 정성왕후 서씨, 정순왕후 김씨
제 13실	정조선황제, 효의선황후 김씨
제 14실	순조숙황제, 순원숙황후 김씨
제 15실	문조익황제, 신정익황후 조씨
제 16실	헌종선황제, 효현성황후 김씨, 효정성황후 홍씨
제 17실	철종장황제, 철인장황후 김씨
제 18실	고종태황제, 명성태황후 민씨
제 19실	순종효황제, 순명효황후 민씨, 순정효황후 윤씨

〈종묘 정전〉

종묘 영녕전

영녕전永寧殿에는 16실에 조천된 15위의 왕과 의민황태자 영친왕, 18위의 왕후의 신위가 모셔져 있다. 추존조인 4왕(목조·익조·탁조·환조)을 중앙에 모시고 정전과 마찬가지로 서쪽을 상실로 하여 차례대로 모셨다. 각 신실의 크기는 정전과 같으나 전체 크기가 조금 작다.

〈영녕전에 신위가 봉안된 왕과 왕비〉

실 별		신 위
서협	제 5실	정종대왕, 안정왕후 김씨
	제 6실	문종대왕, 현덕왕후 권씨
	제 7실	단종대왕, 정순왕후 송씨
	제 8실	덕종대왕, 소혜왕후 한씨
	제 9실	예종대왕, 장순왕후 한씨, 안순왕후 한씨
	제 10실	인종대왕, 인성왕후 박씨
정전	제 1실	목조대왕, 효공왕후 이씨
	제 2실	익조대왕, 정숙왕후 최씨
	제 3실	탁조대왕, 경순왕후 박씨
	제 4실	환조대왕, 의혜왕후 최씨
동협	제 11실	명종대왕, 인순왕후 심씨
	제 12실	원종대왕, 인원왕후 구씨
	제 13실	경종대왕, 단의왕후 심씨, 선의왕후 어씨
	제 14실	진종소황제, 효순소황후 조씨
	제 15실	장조의황제, 헌경의황후 홍씨
	제 16실	의민황태자 영친왕, 황태자비 이씨

〈종묘 영녕전〉

〈종묘제례〉

종묘제례宗廟祭禮는 조선 왕조의 제사 가운데 가장 크고 중요했기 때문에 종묘대제라고 한다. 국가 최고의 제사이기 때문에 경건하고 엄숙한 분위기에 모든 순서는 엄격한 법도에 따라 진행된다. 각 제사 의례에는 경건하고 장엄한 음악과 무용인 종묘제례악이 따른다.

조선에서는 1월과 춘하추동 사계절에 종묘제례가 거행되었으나 일제강점기에 중단되었다가 1971년 전주 이씨 종친회 모임인 대동종약원에 의해 다시 시작되어 지금은 매년 5월 첫 번째 일요일에 거행되고 있다.

신을 맞이하는 영신례, 신을 위해 상을 차리는 천조례, 왕이 술을 바치는 초헌례, 왕세자가 술을 바치는 아헌례, 영의정이 술을 바치는 종헌례, 헌작 후에 왕이 술을 마시는 음복례, 신을 보내는 철변두, 의례를 마치는 망료례 등의 순서로 치러진다. 이상의 의례는 〈국조오례의〉에 따르는 것을 기본으로 한다. 제례시 왕이 입는 의상은 구장면옥이라 하고, 제사상에 차려지는 음식 그릇의 수는 63가지다.

종묘제례악은 종묘제례 의식의 각 순서마다 연주되는 음악이다. 〈보태평保太平〉과 〈정대업定大業〉을 중심으로, 댓돌 위에서 노랫말 없는 곡을 연주하는 등가와 댓돌 아래에서 노랫말 있는 곡을 연주하는 헌가, 두 악대에 의해 정해진 법도에 따라 연주된다. 악기는 일반 아악기 이외에 당악기·향악기도 함께 연주되며 현악기는 없다. 이때 부르는 노래는 종묘악장이라고 한다. 종묘제례악은 1464년(세조 10년)에 처음으로 종묘 제향에서 연주되었다. 500여 년 동안 전승되어 온 고취악鼓吹樂과 향악鄕樂이 제례악祭禮樂으로 승화된 고귀한 음악이다.

종묘제례가 진행되는 동안 음악과 함께 줄을 맞추어 추는 무용인 일무佾舞가 병행된다. 일무에는 문무文舞인 보태평지무保太平之舞와 무무武舞인 정대업지무定大業之舞가 있다. 문무는 손에 약과 적을 들고 있고, 무무는 손에 창과 검을 쥐고 있다. 일무의 동작은 간결하면서도 절도가 있어 최고의 경건함과 우아함을 보여주고 있다.

종횡으로 여덟 명씩 64명이 팔일무를 춘다.

　종묘제례와 종묘제례악은 2001년에 〈인류 구전 및 무형유산걸작〉으로 유네스코 세계무형유산으로 등재되었다. 종묘는 유네스코가 인정한 〈세계문화유산〉이고 종묘제례는 〈인류 구전 및 무형유산걸작〉이다. 종묘는 세계적으로 유례가 드문, 유형과 무형의 세계 유산을 함께 보유하고 있는 것이다. 우리에게는 행운이고 자랑이다.

〈일무〉

나. 창경궁

창경궁의 고목을 바라본다. 저 나무는 조선시대에도 저 자리에 있었다. 잔디밭 위에 있는 젊은 나무는 이곳에 온 지 20년밖에 안 되었을 것이다. 여기 있었던 동물원을 회상해 본다. 그리고 동물원이 되기 전에 저 자리에 있었던 전각과 궁녀들의 모습을 상상해 본다.

종묘와 창경궁 사이 육교 ➡ 창경궁 ➡ 관천대 ➡ 홍화문 ➡ 옥천교 ➡ 명정문 ➡ 명정전 ➡ 문정전 ➡ 숭문당 ➡ 반양문 ➡ 함인전 ➡ 경춘전 ➡ 환경전 ➡ 영춘전 ➡ 양화당 ➡ 통명전 ➡ 지당 ➡ 풍기대 ➡ 성종태실 ➡ 춘당지 ➡ 식물원

〈창경궁〉

창경궁도 매주 화요일에 쉰다. 종묘에서 육교로 건너온다.

창경궁

창경궁昌慶宮은 1484년(성종 15년)에 성종이 당시 생존해 있던 할머니 세조비 정희왕후, 어머니 덕종비 소혜왕후, 작은어머니 예종비 안순왕후 세 분의 대비를 모시기 위해 옛 수강궁터에 창건한 궁이다. 수강궁은 1418년(세종 즉위년)에 세종이 상왕으로 물러난 태종을 위해 마련한 궁이다.

창경궁은 창덕궁과 함께 동궐이라고 한다. 창경궁은 독립적인 궁궐로서의 형태와 규모를 갖추고 있지만, 왕이 정무를 보는 궁궐로서 쓰이기보다는 주로 창덕궁의 부족한 주거 공간을 보충해 주는 역할을 했다. 창경궁의 외전은 빈약한 편이고, 주거 공간은 상대적으로 여유가 있는 편이었다.

임진왜란으로 창경궁의 모든 전각이 소실되어 1616년(광해군 8년)에 재건되었다. 1624년 이괄의 난으로 전각이 일부 또 소실되었고, 1830년 대화재로 내전이 소실되었다. 지금 남아 있는 건물은 임진왜란 후에 재건된 홍화문·명정문·명정전과 회랑 등 외전과 1834년(순조 34년)에 다시 지은 통명전·여휘당 등이 있다.

창경궁은 남향인 다른 궁궐과는 달리 동향으로 지어졌다. 정문인 홍화문을 들어서면, 북에서 남으로 흐르는 금천 위에 놓인 옥천교가 있고, 이를 건너면 명정문과 좌우 행랑이 나온다. 이 문을 지나면 품계석이 있는 조정이 나오고, 그 앞에 명정전이 있다. 홍화문 좌우의 행랑이 명정전까지 계속되면서 울타리를 이루어, 창경궁의 중심을 이루고 있다. 창경궁 북쪽의 후원은 창덕궁과 연결되어 있어 두 궁궐이 공동으로 사용하던 공간이다.

창경궁은 처음에는 별로 사용되지 않았으나 임진왜란 이후, 창덕궁과 함께 다시 지어져 조선 역사의 중심이 되었다. 숙종 때에는 왕후를 모해했다가 사약을 받은 장희빈 사건이 있었고, 경종의 즉위와 세제世弟(후일 영조)의 대리청정 문제로 노론과 소론이 대립하다가 노론 대신들이 죽임을 당한 사건이 있었다. 영조는 1762년 사도세자를 뒤주에 가두어 죽게 했는데, 당시 세자가 갇혀 있던 뒤주는 선인문 안뜰에 있었다.

1907년 순종이 경운궁에서 창덕궁으로 옮겨가자, 일본은 1909년 11월 창덕궁과 붙어 있는 이곳에 동물원과 식물원을 개원하여 일반 인에게 오락장소로 개방했다. 이 무렵에 창경궁 안의 많은 전각들이 소리 없이 사라졌다. 1911년 4월에는 이름을 창경원昌慶苑으로 바꾸고 일본인들이 좋아하는 벚꽃나무를 많이 심었다. 이미 떨어진 궁궐의 품격에 조선 사람들의 시각마비까지 겹치려는 의도였다.

일제의 의도대로 창경원의 벚꽃놀이와 동물원·식물원은 전 국민의 사랑을 받았다. 해방이 되고 30여 년이 지난 1970년대 중반까지도 창경원은 일제시대 모습 그대로였고, 시민들은 먹을거리 잔뜩 싸들고 가서 동물 구경하며 재미있어 했고, 손에 손을 잡고 밤 벚꽃놀이를 즐겼다. 1983년 12월에 가서야 동물원을 옮기고 창경궁은 궁궐로서의 체통을 되찾았다. 본래부터 그 자리에 있던 궁궐의 건물들이 한 가닥 바람결에 떨어지는 벚꽃잎처럼 흔적 없이 사라진 지 70여 년 후였다. 원래는 전각들이 있었고, 그 후 동물들이 갇혀 있던 자리는 지금 잔디밭이 대신하고 있다.

〈창경원의 벚꽃놀이〉

홍화문

홍화문弘化門은 창경궁의 정문이다. 정전인 명정전과 함께 동향하고 있다. 1484년에 창건되었으나 임진왜란 때 소실되었다. 1616년에 재건되어 오늘에 이르고 있다. 창덕궁의 돈화문보다 7년 늦게 지어졌으니 역시 오래 된 문이다.

정면 3칸 측면 2칸의 석축을 쌓지 않은 2층 우진각지붕 건물이다. 다포계 공포 형식으로 정전인 명정전의 공포 형식과 유사하다. 견실한 구조와 공포의 짜임은 조선 초기 건축 양식의 특징을 보이고 있다. 보기에 날렵하다.

명정전

명정전明政殿은 창경궁의 정전이다. 조선의 궁궐 정전은 모두 남향을 하고 있으나 명정전만 동향을 하고 있다. 지형상 정문인 명정문과 일직선을 이루지 않고 살짝 꺾여 있다. 조정은 넓지 않으나 박석이 깔려 있고 회랑 때문에 아늑하다.

1484년에 창건되었으나 임진왜란 때 불에 탄 것을 1616년에 다시 지었다. 임진왜란 이후에 다시 지은 건물이지만 조선 전기 건축 양식의 특징을 잘 계승하고 있다. 명정전은 조선 궁궐의 정전 중에서 가장 오래된 건물이다.

정면 5칸 측면 3칸의 단층 건물로 다포계 팔작지붕이다. 건물 내부 뒷부분 기둥을 생략하여 보좌 주위를 넓게 마련했고, 건물 외부 뒤쪽에 툇칸을 달아 행각으로 연결했다. 명정전 남측의 문정전과 주변 행각은 1983년부터 3년간에 걸쳐 대부분 복원되었다.

통명전

통명전通明殿은 창경궁에 있는 왕의 생활 공간으로 침전 겸 연회용 건물이었다. 궁궐 서북쪽 안 가장 깊숙한 곳에 남향하고 있으며, 동쪽에는 왕비의 침전인 환경전歡慶殿이 있다. 1484년에 지은 건물은 임진왜란 때 불에 탔고, 1616년에 다시 지었으나 1790년(정조 14년)에 또 불에 탔다. 지금 있는 건물은 1834년(순조 34년)에 창경궁의 전각 대부분을 재건할 때 지은 것이다.

정면 7칸 측면 4칸 규모인데, 정면 5칸 측면 2칸을 감싸며 툇칸이 있다. 겹처마 팔작지붕으로 다포 양식이고 용마루가 없는 무량각 건물이다. 통명전은 창경궁 내전 중 가장 큰 건물이다.

통명전 서쪽에는 화강암으로 조성한 남북 12.8m, 동서 5.2m의 네모난 연못 지당이 있다. 연못의 네 벽은 장대석으로 쌓았고, 둘레에 돌난간을 정교하게 조각하여 둘렀다. 지당 위에는 길이 5.94m 폭 2.56m의 간결한 돌다리가 동서로 놓여 있다.

춘당지

창경궁 북쪽 후원에 이르기 전에 호리병 모양의 허리가 잘록한 연못이 하나 있다. 춘당지春塘池다. 본래는 윗부분만 춘당지였고, 아랫부분은 논이었다. 왕이 이 논에서 직접 농사를 지어 농부들과 수고를 함께 나누었던 곳이다. 일제가 모두 터서 연못으로 만들고 뱃놀이까지 할 수 있게 변형한 것이다.

창경원에 가서 활짝 핀 벚꽃에 감탄하며, 동물 구경하고, 김밥 먹고, 놀이기구 타고, 춘당지에서 보트도 타고, 열심히 사진 찍고, 이것이 1970년대까지 조선 서민들이 가장 선망하던 나들이였다.

춘당지 북쪽 끝에는 일제가 만든 식물원이 지금도 문을 열고 풀내음과 꽃향기를 풍기고 있다. 식물원 서쪽의 문은 창덕궁 부용지 일대로 통하는 문이지만 굳게 닫혀 있다.

〈춘향전〉에서 이도령이 한양 가서 과거 볼 때 시험 제목이다.

'춘당춘색고금동 春塘春色古今同'
'춘당지의 봄기운은 옛날이나 지금이나 변함이 없구나.'

11. 경희궁과 덕수궁

가. 경희궁

경희궁은 궁궐이라고 할 수가 없다. 옛 모습은 간곳없이 사라지고 옹색하게 복원되는 건물 처마 끝에 애처로운 눈길이 머문다. 복원된 궁궐 한 바퀴 도는데 천천히 걸어도 30분이면 충분하다. 허무함이란 이런 것인가 보다.

오후 코스 1:00 지하철 5호선 8번 출구 ➡ 경희궁 ➡ 서울역사박물관 ➡ 경향신문사 ➡ 정동길 ➡ 덕수궁

〈복원된 경희궁〉

경희궁과 덕수궁은 매주 월요일 휴무다. 경희궁을 먼저 관람하고 정동길을 지나 덕수궁으로 간다.

경희궁

경희궁慶熙宮은 원래 인조의 아버지 정원군(후에 추존 원종)의 잠저가 있던 곳으로 새문동 집터라고 했다. 광해군이 이곳에 왕기가 서렸다는 풍수설을 믿고 왕기를 누르기 위해 1617년부터 공사를 시작하여 1623년(광해군 15년)에 완공하고 경덕궁慶德宮이라 했다. 그러나 광해군은 그 해 3월 인조반정으로 폐위되어 경덕궁에는 들어가 보지 못했다.

1624년(인조 2년) 1월 이괄의 난으로 창경궁이 불에 타자, 인조는 2월부터 1632년 말까지 경덕궁에 머물다가 창덕궁으로 들어갔다. 이후 1868년 경복궁이 재건될 때까지 동궐이 법궁이 되고 경덕궁이 이궁이 되는 궁궐 체제가 유지되었다. 경덕궁은 동궐에 대비해 서궐이라고 했고, 1760년(영조 36년)에 경희궁이라고 이름을 바꾸었다.

경희궁에는 흥화문 · 숭정전 · 회상전 · 흥정당 · 황학정 · 융복전 · 집경당 등과 여러 부속 건물들이 있었으나, 1829년(순조 29년)의 화재로 대부분이 소실되었다가 1831년에 중건되었다. 경복궁 중건 이후에도 경희궁은 궁궐의 지위와 품위는 유지하고 있었다.

경희궁의 건물들은 1910년 국권을 빼앗기기 몇 년 전부터 일본인들에 의하여 강제로 철거되기 시작하여, 국권을 빼앗길 당시에는 융복전과 집경당은 이미 없어졌고, 흥화문 · 숭정전 · 회상전 · 흥정당 · 황학정만 남아 있었다.

남아 있던 건물들은 1910년 일본인 자제들을 위한 경성중학교(후에 서울고등학교)가 설립되면서 여기저기로 흩어졌다. 숭정전은 조계사에 옮겼다가 다시 동국대학교로, 회상전은 조계사로, 흥정당은 광운사로, 흥화문은 박문사로, 황학정은 등과정 터로 옮겨졌다. 경희궁에 있던 원래의 건물들은 하나도 남김없이 모조리 사라진 것이다.

1945년 광복 후에도 서울고등학교가 계속 존립하다가 1978년 학교가 이전한 다음, 서울시가 한 기업으로부터 인수하여 1985년부터 복원이 시작되었다. 현재 면적은 원 면적의 반이 조금 넘는 101,222㎡이다. 경희궁은 본래 궁궐터의 윤곽이라도 다시 찾는 것조차 불가능해 보인다. 지금은 흥화문, 숭정전과 회랑, 자정전, 태령전이 복원되어 있다. 2002년 5월에 경희궁 동남쪽, 내전이 있던 자리에 서울역사박물관이 개관되었다.

최근 경희궁에서는 각종 공연과 행사와 전시가 많이 진행되고 있다. 복원된 궁궐이 마치 무슨 공연장의 세트인 것 같은 착각마저 든다. 공연장과 전시장과 박물관, 그것이 현재 경희궁의 위상이다.

흥화문

흥화문興化門은 경희궁의 정문이다. 원래는 궁궐의 동남쪽 모퉁이에 동향으로 서 있었다. 정면 3칸 측면 2칸의 다포계 겹처마 우진각지붕 단층 건물이었다. 경희궁에는 동문인 흥화문 좌우로 흥원문과 개양문이 있었고, 서쪽에 숭의문, 북쪽에 무덕문이 있었다.

흥화문은 1618년(광해군 10년)에 세워졌다. 1910년 일제가 경성중학교를 설립할 때도 남아 있었으나 1915년 남쪽으로 옮겨졌다가 1932년 장충동 박문사博文寺로 옮겨 정문으로 사용되었다. 박문사는 안중근 의사가 하얼빈에서 총살한 이토 히로부미伊藤博文를 위해 일제가 지은 사당이었으나 1945년 광복과 더불어 폐사되었다. 그 자리에 영빈관이 들어섰다가 다시 호텔이 되면서 흥화문은 호텔 정문으로 사용되다가 1988년에 경희궁터 지금의 위치로 옮겨졌다. 옮겨진 흥화문은 원래의 자리가 아닌 곳에 방향도 다르게 남향으로 서 있다.

숭정전

숭정전崇政殿은 경희궁의 정전이다. 1620년(광해군 12년)에 건설된 원래의 숭정전은 이중 월대 위에 세운 정면 5칸 측면 4칸의 겹처마 팔작지붕 건물이었다. 1910년 일제에 의해 경희궁이 폐쇄될 때까지도 남아 있었으나, 1926년 남산 기슭 필동 조계사의 본전으로 사용되기 위해 팔려가 이건되었다.

광복 후 그 자리에 동국대학교가 설립되었고, 1976년 9월 현재의 위치로 옮겨져 학교의 법당인 정각원으로 사용되고 있다. 일본인들이 강제로 철거하여 팔아넘긴 탓으로 원형이 크게 파손되었고, 현재는 불교 의례를 행하기에 알맞도록 내부 구조가 변경되어 있다.

1980년대 말 경희궁을 복원하면서 숭정전은 동국대학교에서 원래의 자리로 이건할 것을 검토했다. 그러나 현재 동국대학교의 법당으로 사용되고 있고, 또 부재들이 낡아서 손상될 것을 우려하여 원래의 숭정전은 동국대학교에 그대로 남겨두고, 경희궁터에 새로 숭정전을 건립했다.

서울역사박물관

홍화문을 들어서면 오른쪽에 멋진 건물이 하나 서 있다. 서울시립 역사박물관이다. 어린이들의 박물관 견학, 많은 전시회와 모임 등이 성황리에 잘 이루어지고 있다. 그런데 이 건물을 짓기 위해 터파기를 할 때 조선시대 건물의 주춧돌들이 나왔고, 더 밑에는 석기시대의 주거 흔적이 나왔다고 한다. 그것들을 다 무시하고 공사를 진행하여 지금 박물관이 넓직히 자리 잡고 있고, 앞마당은 모두 포장되어 있다. 차라리 없으면 없는 대로 그냥 놔두기나 하지, 그 위에 덧씌우기는 왜 했는지 모르겠다.

나. 덕수궁

덕수궁은 또 어떤가. 경운궁이란 본래의 이름조차 잃고, 덕수궁이라는 보통명사로 불리고 있다. 망해가는 나라와 함께 고통스러운 생애를 살다 가신, 빛바랜 사진 속 고종의 모습이 자꾸 떠오른다.

경희궁 ➡ 정동길 ➡ 덕수궁 ➡ 대한문 ➡ 금천교 ➡ 중화문 ➡ 중화전 ➡ 석어당 ➡ 덕홍전 ➡ 함녕전 ➡ 정관헌 ➡ 유현문 ➡ 즉조당 ➡ 준명당 ➡ 석조전 본관 ➡ 석조전 서관 ➡ 광명문

〈중화전과 석조전〉

덕수궁은 매주 월요일 휴무다. 경희궁을 먼저 관람하고 정동길을 지나 덕수궁으로 간다.

덕수궁

1592년 4월 임진왜란이 일어나자 선조는 황급히 의주로 피난을 떠났다. 다음해 10월 한양으로 돌아와 보니 경복궁·창덕궁·창경궁이 모두 불타버려 거처할 왕궁이 없었다. 선조는 월산대군 후손의 집과 계림군의 집, 인근 민가를 합해 임시 행궁으로 삼고 정릉동 행궁이라고 했다.

1608년 2월, 창덕궁 재건 공사가 진척되고 있던 중에 선조는 정릉동 행궁에서 승하했다. 뒤를 이은 광해군이 1611년에 창덕궁을 재건하여, 그 해 10월 창덕궁으로 옮기면서 정릉동 행궁을 경운궁慶運宮이라 이름지었다. 광해군은 창덕궁에서 경운궁으로 다시 돌아왔다가 1615년 4월에 창덕궁으로 아주 옮겼다. 1618년 광해군은 인목대비를 경운궁에 유폐하고, 경운궁을 서궁이라 격을 낮추어 불렀다.

1623년 3월 인조반정으로 광해군이 축출되고 인조가 즉위했다. 인조는 인목대비와 함께 창덕궁으로 옮겨가고, 7월에는 즉조당과 석어당 두 곳만 남기고, 30년간 경운궁 궁역에 속해 있던 여러 가옥과 대지를 본 주인에게 돌려주었다. 경운궁은 궁궐로서의 기능을 마감하고 별궁 정도로 축소되었다.

270여 년 후, 고종은 경운궁 재건공사에 착수하여 1896년(건양 1년)에는 궁궐로서의 형태를 갖추었다. 중건한 지 얼마 되지 않은 법궁 경복궁과 이궁 창덕궁을 놔두고 오랫동안 비어 있던 경운궁으로 이어할 준비를 시작했던 것이다. 항상 신변에 위험을 느끼고 있던 고종은 경운궁 주변에 외국 공사관들이 많아 비교적 안전하다고 생각했기 때문이다.

고종은 1896년 2월부터 1년간 러시아 공사관에 머물렀다[아관파천]. 이때 태후와 태자비를 경운궁으로 옮기고, 열성 어진과 민비의 빈전도 경복궁에서 옮겨 왔다. 1897년 2월 러시아 공사관에서 나온 고종은 곧바로 경운궁으로 들어갔다. 러시아 공사관과 경운궁은 바로 이웃이었다.

1897년 10월 12일, 고종은 대한제국을 선포했다. 나라는 제국이 되고, 왕은 황제가 되고, 경운궁은 황궁이 되고, 광무光武라는 연호를 사용하기 시작했다. 그러나 대한제국은 이미 망국의 길로 들어서고 있었다. 1904년에는 경운궁에 대화재가 일어나 궁궐이 거의 다 불타 버렸다. 이것도 일제가 방화했을 가능성이 크다. 1905년에는 을사늑약이 이루어지고, 1907년 7월 고종은 일제의 강압에 의하여 순종에게 양위하고 물러났다. 순종은 창덕궁으로 옮겨가고, 며칠 후 정미7조약(한일신협약)이 조인되었다.

고종이 황위에서 물러나자 경운궁은 이름마저 덕수궁德壽宮이라고 바뀌었다. 덕수궁이란 궁궐의 고유 이름이 아니라 물러난 왕이 장수하며 편안히 계시는 곳이라는 뜻을 가진 보통명사다.

마침내 1910년 8월 29일, 한국이 일본에 병탄되었다는 사실이 공표되었다. 그 날, 서울은 쥐 죽은 듯이 조용했다고 한다. 항의도 폭동도 통곡도 없이, 올 것이 왔구나 하는 체념 속에 한 나라가 사라져 간 것이다. 대한제국은 13년만 존재했던 이름뿐인 나라였던 것이다. 대한제국 시기는 고종의 경운궁 시대였다.

1919년 1월 22일 새벽, 고종은 재위 44년, 향년 68세로 함녕전에서 승하했다. 일제에 독살당한 것이 거의 확실하지만 증거는 없다. 500여 년 이어온 나라가 당대에 이르러 망하는 현실을 직접 보고 들었으니 눈이나 제대로 감으셨을지 모르겠다. 고종의 승하에 분노한 백성들은 일제에 대항하여 3·1운동을 일으켰다.

1933년에 일제는 덕수궁의 중심 부분과 양관만 남기고 모두 철거하여 공원화하면서 개방했다. 덕수궁은 더 이상 궁궐이 아니고, 조선식·서양식 건물이 뒤섞인 구경거리요, 분위기 있는 소풍 장소가 된 것이다.

본래는 지금의 미국대사관저·덕수초등학교·경기여자고등학교 등 서북쪽 일대의 넓은 지역이 모두 덕수궁 영역이었으나, 1880년대 이후 여러 외국 공사관과 개인에게 쪼개 넘겨주어 현재는 원래의 3분의 1 정도인 63,069㎡로 크게 축소되어 있다.

대한문

경운궁에는 남쪽에 정문인 인화문, 동쪽 대안문, 북쪽 생양문, 서쪽 평성문 네 개의 문이 있었다. 1904년의 큰불로 경운궁이 모두 타버리자 1906년 4월에 다시 지으면서 동쪽에 있던 대안문大安門을 수리하여 이름도 대한문大漢門으로 바꾸고 정문으로 삼았다.

정면 3칸 측면 2칸의 단층 우진각지붕이고, 다포계 공포가 화려하다. 1914년 일제에 의해 태평로가 개설되면서 원래의 위치에서 뒤로 물러났고, 1968년 도로확장 공사로 지금의 위치로 또 물러나 시청앞 광장을 바라보고 있다. 기단과 계단은 아스팔트 아래 파묻혀 버렸고, 소맷돌은 따로 나와 기둥 앞에 볼품없이 놓여 있다.

중화전

중화전中和殿은 경운궁의 정전이다. 1902년(광무 6년) 이중 월대 위에 세워진 2층 건물로 정면 5칸 측면 4칸이었다. 1904년 화재로 타버려 1906년에 재건되었으나 단층 건물로 축소되었다. 앞뜰에 품계석이 있고, 중화전 주변으로 사방에 회랑이 세워져 중화문에 연결되어 있었다. 현재는 회랑이 거의 사라져 중화전의 조정은 사방이 트여 길인지 마당인지 구분이 안 가게 되어 있다. 중화전에는 고종의 어진이 모셔져 있었으나 1927년 창덕궁의 신선원전으로 옮겨가니 덕수궁과 고종과의 인연도 이로써 끝나고 말았다.

함녕전

함녕전咸寧殿은 덕수궁의 침전으로 동쪽은 고종의 침실이었고, 서쪽은 내전 침실이었다. 이러한 형식은 궁궐의 정침이 가지는 공통점이었다. 정면 9칸 측면 4칸이고, 서쪽 뒤편으로 4칸이 덧붙여 있어 'ㄴ'자 모양을 하고 있다. 중앙에 대청을 두고 좌우에 온돌방, 그 옆으로 누마루를 두었다. 편전인 덕홍전과 3면에 행각과 담장으로 영역을 나누었다. 1904년에 불에 타 그 해 12월에 다시 지어 오늘에 이르고 있다. 고종은 이곳에서 승하했다.

석조전

석조전石造殿은 1900년에 착공하여 1910년에 완공된 서양식 건물이다. 영국인 하딩이 설계했고, 정면 54m 측면 31m의 3층 석조 건물로 연건평 4,115㎡이다. 1층은 반지하로 시종들의 거실, 2층은 황제의 접견실과 홀, 3층은 황제와 황후의 침실과 응접실로 사용되었다. 한때 고종이 거처했다고는 하나 크기나 모양새, 어느 것 하나 조선의 궁궐과는 어울리지 않는 건물이다.

고종 승하 후, 석조전은 일제의 미술품 전시장이 되었다. 1937년에는 연건평 3,643㎡의 서관이 들어서고 그 앞에 한국 최초로 분수대가 있는 서양식 연못이 조성되었다. 석조전 본관과 서관이 박물관과 미술관으로 공개되자, 매점과 휴게소까지 생겼다.

1945년 광복 후에는 석조전에서 미소공동위원회가 열렸고, 그 후에 석조전 본관은 국립박물관과 궁중유물전시관 등으로 사용되었고, 서관은 국립현대미술관 분관으로 사용되고 있다. 석조전 앞은 유럽의 어느 궁성에 와 있는 듯한 착각에 빠진 세련된 인사들이 동서문화를 비교하며 거니는 동경어린 명소이기도 했다.

광명문

광명문光明門은 본래 덕수궁의 침전인 함녕전의 바깥 행각 문이었다. 지금 제자리에 있지 못하고 덕수궁의 서남쪽 귀퉁이에서 흥천사종과 자격루 부속품의 지붕막이 노릇을 하고 있다. 덕수궁이 폐기되면서 함부로 취급받아 옮겨진 문이고, 고향 잃고 떠도는 유물의 단편들을 부둥켜안고 어두컴컴한 구석에 초라하게 서 있는 것이다. 덕수궁의 신세나 광명문의 신세가 너무 닮은 것 같다.

12. 수원 화성

화성은 정조의 효성을 바탕으로, 미래를 위한 선견지명으로 지어졌다는데 왜 효용성이 별로 없었는지 모르겠다. 정조 임금의 의욕이 너무 앞서갔나, 아니면 정적들에 의해 의미가 축소되었나. 가슴이 답답해진다. 그렇지만 화성을 한 바퀴 돌고나면 가슴이 탁 트인다.

하루 코스　10:00 지하철 1호선 수원역 1·4번 출구 ➔ 북측 정류장 11·13·36·39번 버스 승차 ➔ 화성행궁 하차 ➔ 화성행궁 ➔ 화령전 ➔ 점심식사 ➔ 팔달문 ➔ 팔달문 관광안내소 ➔ (성곽일주) ➔ 서장대 ➔ 화서문 ➔ 장안문 ➔ 화홍문 ➔ 동장대 ➔ 창룡문 ➔ 팔달시장 ➔ 팔달문

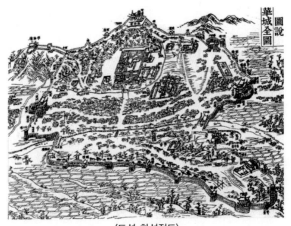

〈도설 화성전도〉

화성과 행궁은 일년 중 쉬는 날이 없다. 수원역 옆에 있는 관광안내소에 들러 안내를 받도록 한다. 친절하게 자세히 가르쳐 준다.

수원 화성

1789년, 정조는 아버지 장헌세자莊獻世子[사도세자思悼世子, 추존 장조]의 무덤을 양주 배봉산에서 수원 화산의 융릉으로 옮겼다. 이때 화산 아래에 있던 읍과 민가들을 팔달산 아래로 집단 이주시키고, 그곳에 신도시 수원 화성華城을 건설했다. 1794년(정조 18년) 1월에 착공하여 2년 8개월만인 1796년 9월에 준공되었다.

정조는 뒤주 속에서 죽은 아버지 사도세자에 대한 효심이 남달랐다. 그 효성이 화성 건설의 근본이 되었고, 당쟁의 근절과 강력한 왕도정치 실현, 경제성과 과학성의 추구, 수도 남쪽의 방어 요새로의 활용 등이 화성 건설의 목적이었다.

화성 건설의 계획자는 정약용이었고, 공사 총책임자는 채제공이었다. 성곽 축조에 있어서 성벽 바깥쪽은 석재를 쌓아올리고 안쪽은 자연 지세를 이용해 흙을 돋우어 메우는 외축 내탁의 축성술을 사용했다. 석재와 벽돌을 함께 쓰고, 자재를 규격화했으며, 무거운 자재 운반을 위해 거중기 등의 기계를 사용했다. 화살과 창검뿐 아니라 총포도 방어할 수 있는 근대적 성곽 구조를 갖춤으로, 기존의 성곽 건설에서 크게 발전한 모습을 보여, 동양 성곽 축성술의 종합 결정판이라 할 수 있다.

성의 둘레는 5,744m, 면적은 약 130만㎡로 동쪽은 낮은 구릉을 이루고 서쪽은 팔달산에 걸쳐 있는 평산성 형태다. 축성 당시에는 동문 창룡문, 서문 화서문, 남문 팔달문, 북문 장안문의 4대문과 암문 4개, 수문 2개, 적대 4개, 공심돈 3개, 봉돈 1개, 포루砲樓 5개, 포루鋪樓 5개, 장대 2개, 각루 4개, 치성 10개 등 48개의 다양한 구조물을 규모 있게 배치하여 일곽을 이루고 있었다. 화성 건설과 함께 수원 행궁을 지었고, 그밖에도 중포사·내포사·사직단 등 많은 건물들이 건립되었다. 1801년에는 화성 건설의 자세한 내역을 담은 640여 장에 달하는 〈화성성역의궤〉가 발행되었다.

화성이 완성된 지 4년 후인 1800년, 정조는 재위 24년, 49세로 승하했다. 11세의 순조가 다음 왕위를 이었고, 영조의 계비 정순대비가 수렴청정을 했다. 이 시기에 영ㆍ정조 때 이루어진 많은 업적들이 무력화되었다. 수원 화성도 정조의 미래를 향한 원대한 포부와는 달리 도성 밖의 하나의 읍성 수준에 머물게 되고 말았다.

화성은 미래를 보는 안목까지 담고 있었다. 200여년 전 화성 축성 당시의 모습이 상당 부분 현재까지 유지되고 있는 것이다. 북수문(화홍문)을 통해 흐르는 수원천은 지금도 흐르고 있고, 남북으로 팔달문과 장안문, 동서로 화성 행궁과 창룡문을 잇는 도로망은 현재도 도시 내부의 중심선을 이루고 있다.

일제강점기를 지나 한국전쟁을 겪으면서 성벽과 구조물들이 크게 파손되었다. 1975부터 5년 동안 복원하여 현재에 이르고 있다. 화성은 1997년 12월에 유네스코 세계문화유산으로 등록되었다.

화성 행궁

행궁行宮은 왕이 도성의 궁궐 밖으로 행차할 때 머무는 임시 궁궐이다. 정조는 재위 14~19년(1790~1795) 사이에 서울에서 수원에 이르는 경유지에 여섯 곳의 행궁을 설치했다. 그 중에서 화성 행궁은 규모나 기능면에서 단연 으뜸이었다. 화성 행궁은 평상시에는 화성부 유수가 집무하는 내아로 활용되었다.

정조는 아버지 사도세자의 융릉 천봉 이듬해 2월부터 1800년 1월까지 11년간 12차에 걸친 능행을 다녀왔다. 능행 때마다 화성 행궁에 머물렀고, 능행은 백성의 생활을 직접 살펴보고자 하는 뜻이 함께 담겨 있었다. 정조가 승하하자, 순조는 1801년(순조 1년)에 행궁 옆에 화령전을 건립하여 정조의 어진을 모셨다.

화성 행궁이 본격적으로 훼손되기 시작한 것은 1910년 무렵, 수원 최초의 서양식 병원인 자혜의원이 행궁 자리에 들어서면서부터였다. 이때부터 행궁의 건물들은 사라지기 시작하더니, 마침내 낙남헌 하나만 남고 나머지는 모두 사라져 버렸다. 지금 행궁은 많이 복원되어 축소판 궁궐의 형태를 보여주고 있다.

넷. 도성 외곽의 산성

한반도는 아시아 대륙의 동쪽 끝에 붙어 있는 반도다. 북쪽으로는 중국밖에 없고, 동해 바다 건너에는 일본이라는 섬나라밖에 없다. 대륙의 중국은 항상 한반도를 지배하려 했고, 일본은 한반도를 침략하기 위해 호시탐탐 기회를 노리고 있었다.

조선시대에 들어와 중국은 한반도를 무력으로 제압해야 하는 절박함은 없었다. 상국으로서 적당한 권력만 행사할 수 있다면 무리하게 내정까지 간섭할 이유는 없었던 것이다. 그러나 그것이 만족스럽지 못할 때는 침공하기도 했다. 정묘호란과 병자호란이다. 조선은 치욕적인 항복을 했고, 많은 인질을 보내야만 했다. 그러나 피점령 시간은 길지 않았고, 문화의 파괴도 그다지 심각하지 않았다.

일본의 경우는 달랐다. 일본은 섬나라라는 한계 때문에 한반도를 지나지 않고는 대륙으로 나갈 수가 없고, 조선을 점령해야만 현실적 실리와 심리적 안정을 얻을 수 있었던 것이다. 게다가 가슴속 깊이 감추어져 있는, 자신들의 조상이 한반도에서 건너간 사람들일 수도 있다는 것과 고대문화가 한반도에서 유입되었다는 콤플렉스를 만회하기 위해 비뚤어진 심사로 한반도를 점령하고자 했던 것이다.

일본은 자국 내의 사정으로 인해 임진왜란을 일으키고야 말았다. 결국 패배함으로 일본은 정권이 바뀌었다. 조선은 7년간의 임진왜란과 정유재란으로 속속들이 파괴되고 약탈당해 피해 규모는 말할 수 없이 컸고 내용도 심각했다.

조선시대까지 외침에 대한 대비는 성곽에서의 방어가 가장 효과적이었다. 그러나 중국과 일본의 침공에 대해 도성과 지방의 성곽들은 제 역할을 하지 못했다. 특히 서울의 성벽들은 단지 그 자리에 우두커니 서 있기만 했다.

　서울 외곽의 산성 세 곳을 돌아본다. 산성이란 도성과 달리 산을 중심으로 이루어진 성곽으로 유사시에 왕실의 피난처이며 항쟁의 근거지가 되는 곳이다. 한강 하류에 있는 작은 산성 행주산성에서는 임진왜란 때 빛나는 승리를 거두었고, 남한산성에서는 청나라에 항복하고 말았으며, 북한산성은 실제로 방어 역할을 한 적이 없었다. 세 곳의 산성을 돌아보며 외적의 침입에 대비했던 선조들의 모습과 당시의 상황을 살펴본다.

13. 행주산성

행주산성은 작은 산성이다. 정상에 올라서면 서울 서쪽의 정경이
한눈에 들어오고, 곧게 뻗은 한강이 시원스레 보인다. 이곳에서 열
배가 넘는 수만 명의 일본군을 무찔렀다니 통쾌하기 짝이 없다. 그
런데 왜병들은 왜 이곳까지 와서 싸우다가 죽어 조선의 흙이 되었
을까. 누구에게 물어야 하나.

오후 코스 1:00 지하철 2·6호선 합정역 2번 출구 ➡ 버스 921번
➡ 행주산성 입구 하차 ➡ 대첩문 ➡ 충훈정(국궁장) ➡ 권율 도원
수 동상 ➡ 1845년 대첩비 ➡ 충장사 ➡ 대첩기념관 ➡ 진강정 ➡
덕양정 ➡ 1602년 대첩비 ➡ 1970년 대첩비 ➡ 충의정 ➡ 토성

〈행주대첩비와 비각〉

연중무휴다. 꽃피는 봄 4월에 가보면 산성이 더욱 아름답다.

행주산성

행주산성幸州山城은 경기도 고양시 덕양구 행주내동 한강 하류 강변에 홀로 솟은 높이 125m의 작은 산 덕양산德陽山에 쌓은 산성이다. 덕양산은 서울 외사산 중 서쪽 산이고, 이 근방은 평야지대며 서해안이 멀지 않고 큰 산도 없다.

행주산성은 덕양산 봉우리와 주변 지형에 따라 산허리를 두른 약 1km의 토축 산성으로 통일신라 때 축성된 것으로 추정된다. 강 옆의 돌출된 산봉우리를 중심으로 정상을 에워싼 소규모의 내성과 북쪽으로 전개된 작은 골짜기를 둘러싼 외성의 이중 구조를 하고 있다.

정확한 축성 연대와 목적은 알 수 없으나, 강변의 험한 절벽을 이용하고, 삼면으로 전개된 넓은 평야를 안고 있으며, 동남쪽으로 창릉천이 산성을 돌아 한강으로 유입되어 자연적인 해자를 이룬 것 등을 볼 때 삼국시대의 전형적인 산성 형식과 부합된다.

이 일대는 삼국시대 초기에는 백제의 영역에 속했으며, 고구려와 신라와의 공방전도 있었던 것으로 추정된다. 최종적으로 이 일대는 신라에 속하게 되었다. 서해안으로의 수운과 연결되는 중요한 거점이었으며, 나당전쟁 때까지 남북 교통의 요충지였다.

행주산성은 임진왜란 3대 대첩 중 하나인 행주대첩으로 유명하다. 1592년 임진왜란이 일어나자 조선은 속절없이 무너졌다. 그러나 그대로 주저앉지는 않았다. 반격이 시작된 것이다. 반격의 결정적인 역할을 한 것이 행주산성의 승리였다. 이 전투의 승리를 계기로 조선은 전투 양상의 변화를 가져오고 자신감을 회복하기 시작했다.

권율은 임진왜란이 일어난 다음해인 1593년(선조 26년) 2월 초에 서울을 수복하기 위해 1만여 병력을 집결시켰다. 권율은 수원성에 머물다가 조방장 조경, 승장 처영이 이끄는 승병 등 2,300명의 군사로 행주산성에 진을 쳤다. 이 무렵 일본군은 총퇴각하여 서울 부근에 집결했고, 벽제관에서 명나라 이여송의 군대를 격파한 직후여서 사기가 높았다.

1593년 2월 12일 새벽, 일본군은 3만여 병력을 동원하여 여러 겹으로 성을 포위하고 7진으로 나누어 아홉 차례에 걸쳐 하루 종일 맹공격을 가해왔다. 권율 장군과 민관民官이 일치단결하여 신예무기를 사용하고, 갖은 방법을 다 동원하여 왜군과 맞서 필사적으로 싸웠다. 한때는 승병들이 지키고 있던 일부 구역에서 밀리기도 했지만 곧 전세를 회복하여 끝까지 한 명의 적병도 산성 안으로 넘어오지 못하게 막았다. 이때 산성 밖의 조선 의병들은 신출귀몰한 작전으로 적의 배후를 쳤다. 마침내 일본군은 1만여 명의 사상자를 내는 등 큰 피해를 입고 퇴각했다. 이 전투 이후 일본군은 서울에 고립되었고, 권율은 도원수가 되었다.

행주산성 전투에서 부녀자들이 짧은 앞치마를 두르고 그 치마에 돌을 날라 군사들이 돌을 던져 적에게 큰 타격을 주었다고 한다. 여기에서 '행주치마'라는 이름이 생겼다고 한다.

임진왜란이 끝난 후, 1602년(선조 35년) 덕양산 정상에는 대첩비가 세워졌다. 1842년(헌종 8년)에는 행주 나루터에 기공사가 세워져 권율 장군을 제향했으며 1845년에는 새 대첩비가 세워졌다. 1970년에 대규모 정화 작업을 벌여 권율 장군을 모신 충장사와 행주대첩비를 세우고 유물전시관을 건립했다. 행주산성은 수도권 주민들이 즐겨 찾는 나들이 장소 중의 하나다.

〈행주산성에서 바라본 한강〉

14. 남한산성

역사 속의 남한산성은 참담했다. 병자호란의 난리 끝에 치욕적인
항복을 한 곳이다. 그러나 지금의 남한산성은 너무나 평화롭고 아
름답다. 보물찾기 하는 기분으로 남한산성에서 200년 이상 된 느
티나무 다섯 그루만 찾아보자.

하루 코스 10:00 지하철 8호선 산성역 2번 출구 ➔ 9번 버스 ➔
종점 하차 ➔ 남한산성 역사관 ➔ 연무관 ➔ 종각터 ➔ 침괘정 ➔
행궁 ➔ 숭열전 ➔ 수어장대 ➔ 도시락 점심식사 ➔ (성곽 일주) ➔
서문 ➔ 연주봉 옹성 ➔ 북장대터 ➔ 북문 ➔ 동장대터 ➔ 동문 ➔
시구문 ➔ 남장대터 ➔ 남문 ➔ 남한산성 비석군

〈남한산성 서문〉

등산복 차림으로 간다. 연중무휴다. 남한산성 역사관에 꼭 들러
안내를 받도록 한다. 자원봉사자들이 잘 설명해 준다.

남한산성

남한산성南漢山城은 서울에서 동남쪽으로 약 24km 떨어진 경기도 광주시 중부면 산성리에 있다. 서쪽의 청량산(482m), 북쪽 연주봉, 동쪽 망월봉과 벌봉, 남쪽의 몇 개 봉우리를 연결하여 쌓은 산성이다. 산성의 외부는 급경사를 이루나 내부는 경사가 완만하고 평균 고도 350m 내외의 넓은 구릉성 분지를 이루고 있다. 사시사철 물이 마르지 않는 천혜의 전략적 요충지다.

남한산성 인근에는 삼국시대 이전부터 주민이 살았던 것으로 추정된다. 특히, 하남 위례성에 도읍을 정한 백제인들에게 이곳은 대단히 중요한 곳이었다. 시조인 온조왕의 성터라는 설이 있고, 온조왕을 모신 사당인 숭렬전이 이곳에 있다. 신라는 문무왕 때에 당에 저항하기 위해 이곳에 주장성을 쌓았다. 삼국시대 이후 이 일대는 오랫동안 방치되어 있다가 조선에 들어와 광해군의 후금에 대한 외교정책과 관련해 수도의 남쪽 후방 기지로 주목받기 시작했다.

1624년(인조 2년), 이괄의 난으로 인조가 공주로 피신하자 남한산성 축성 공사가 서둘러 시작되어 1626년 7월에 완공되었다. 산성 내에는 행궁을 비롯한 인화관·연무관 등이 차례로 들어섰다. 공사는 주로 승려들이 맡아 했다. 4문과 8암문이 있었으며 관아와 창고 등, 국가 유사시에 대비한 시설들을 갖추었고 7개의 절을 더 세웠다. 산성이 완성되자 수어청이 따로 설치되었고, 전후좌우중의 5영을 두었다. 5영에 속한 장대가 동서남북에 하나씩 있었다.

1627년(인조 5년) 1월, 후금은 광해군이 부당하게 폐위되었다는 명분을 내세워 3만여 군사로 침입하니 이것이 정묘호란이다. 인조는 강화도로 옮겨갔다. 정묘호란은 화의의 성립으로 후금군은 철수했으나 조선이 입은 피해는 극심했다.

1636년(인조 14년) 12월 1일, 후금 태종은 국호를 청淸으로 고치고 12만 대군으로 재차 조선에 침입했다. 병자호란이다. 1월 14일, 인조는 봉림대군 등을 강화도로 피난시키고, 자신은 소현세자와 함께 남한산성으로 들어갔다.

1월 22일 강화도가 함락되어 많은 사람들이 순절했고 봉림대군이 포로가 되었다. 1월 30일, 인조는 45일간의 고통스러운 항전을 마감하고 소현세자와 함께 서문으로 나와 탄천 옆 삼전도에 수항단을 쌓고 앉아 있는 청 태종에게 세 번 절하고 아홉 번 머리를 조아리는 삼배구고두례三拜九叩頭禮를 이마에 피가 나도록 반복하는 치욕적 항복의 예를 행한 후 창경궁으로 들어갔다.

2월 2일 청 태종이 본국으로 돌아갈 때 인조는 살곶이까지 나가 전송했다. 2월 8일에는 소현세자와 봉림대군이 청나라 심양으로 인질이 되어 떠났다. 2월 15일부터 청병은 철수하기 시작했고, 이 때 수만명의 조선 부녀자도 함께 끌려갔다.

1645년, 9년만에 영구 귀국한 소현세자가 귀국한 지 두 달만에 의문의 죽음을 당했다. 1649년에 인조가 승하하고, 봉림대군이 즉위하니 효종이다. 효종은 은밀히 북벌을 계획하여 남한산성 등지에서 군사를 양성했으나 뜻을 이루지 못하고 재위 10년만에 승하했다. 이후 또 다시 남한산성은 역사의 중심에서 멀어져 갔다.

조선의 청에 대한 종속관계는 청일전쟁이 일어나는 1894년까지 지속되었다. 청일전쟁에서는 일본이 승리했다. 1907년 8월에 일본군은 화약과 무기가 많다는 이유를 들어 남한산성을 한순간에 파괴해 버렸다. 이후 남한산성은 그대로 방치되어 있었다.

현재 남아 있는 건물로는 서장대(수어장대)가 있다. 수어장대는 높은 섬돌 위에 세운 2층 건물로, 아래층은 정면 5칸 측면 3칸이고, 위층은 정면 3칸 측면 2칸이다. 팔작지붕 겹처마며, 위층은 판문으로 막았으나 아래층은 틔어 있다.

남한산성은 1963년에 사적으로 지정되었고, 1971년 경기도 도립공원으로 지정되면서 대폭 정비되었다. 성곽 길이는 11.76km다. 남한산성은 과거의 항복과 파괴의 수치스러운 역사를 뒤로 하고, 이제는 아름다운 풍광과 울창한 수목과 더불어 아늑한 휴식처이며 뜻 깊은 역사 현장 학습장으로 각광받고 있다. 특히, 야간 조명에 비추어진 남문의 장려한 성벽과 수백 년 된 거목들과의 엇갈림은 인간과 자연이 이룬 아름다움의 극치를 보여주고 있다.

15. 북한산성

북한산은 모든 사람들이 아끼고 사랑하는 산이다. 북한산성이 있다는 것도 모두 잘 알고 있다. 그러나 언제, 왜, 어떻게 건설되었는지는 잘 모른다. 당장 이번 주말에라도 북한산성 성곽을 따라 가보자.

하루 코스 10:00 지하철 3호선 경복궁역 3번 출구 ➡ 버스 0212번 ➡ 현대빌라앞 하차 ➡ 구기탐방지원센터 ➡ 대남문 ➡ 도시락 점심식사 ➡ 대성문 ➡ 보국문 ➡ 대동문 ➡ 동장대 ➡ 용암문 ➡ 하산 ➡ 도선사 ➡ 백운대탐방지원센터

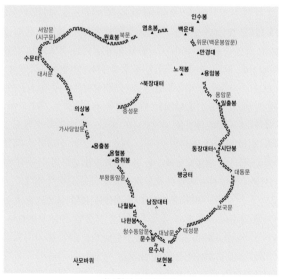

〈북한산성 배치도〉

북한산성을 하루에 한 바퀴 다 돌아본다는 것은 무리다. 대남문에서 시작하여 북한산성 동남쪽을 돌고 용암문에서 하산하는 정도면 괜찮을 것 같다.

북한산

북한산北漢山은 서울 북부의 종로구 · 은평구 · 성북구 · 강북구와 경기도 고양시에 걸쳐 있다. 높이 836m의 백운대를 정점으로 이름이 있는 봉우리만도 40개가 넘는 장대하고 수려한 산이다. 서울 인근에서 가장 크고 높으며 북북동에서 남남서로 길게 뻗어 내려오고 있다. 산줄기는 서울의 어느 곳에서나 볼 수 있다.

북한산은 삼국시대에는 부아악이라고 했고, 고려 성종 때부터 삼각산이라고 했다. 삼각산은 인수봉 · 백운대 · 만경대 세 봉우리가 뿔처럼 우뚝 솟아 뫼산山자를 이루고 있어 붙여진 이름으로, 1970년대까지도 널리 불리는 이름이었다. 북한산은 지역의 이름이고, 산의 이름은 삼각산이었으나, 점차 산의 이름으로 바뀌었다는 주장도 있다. 1983년 삼각산과 도봉산을 함께 묶어 북한산 국립공원이라고 하면서 북한산이라는 이름이 더욱 굳어진 것으로 보인다.

북한산은 역사 속에서 끊임없이 등장한다. 백제의 온조왕이 B. C. 18년(즉위년)에 부아악에 올라 살 땅을 살펴본 후부터 이곳은 백제에 속해 있었다. 132년에는 백제 개루왕이 최초로 북한산에 성을 쌓아 고구려의 남진을 저지했다고 했다. 이 지역에서 백제 · 고구려 · 신라 삼국이 부딪친 기록은 여러 번 있다. 553년에 북한산은 결국 신라에 편입되었고, 몇 년 후 진흥왕 순수비가 세워졌다. 603년과 661년에는 신라가 고구려군을 물리친 기록이 있다.

고려에 들어와 1010년(현종 원년)에 거란이 40만 대군으로 침입하자 왕은 양주로 피신하고 태조의 시신을 모셨던 관을 부아산에 옮겼다. 1232년(고종 19년)에는 삼각산에서 몽골군과 격전이 있었으며, 1387년(우왕 13년)에는 최영이 요동 정벌을 위한 준비로 북한산에 중흥산성을 세워 군사를 양성한 일이 있었다. 장군봉이란 최영 장군이 주둔하고 있던 곳이기 때문에 붙여진 이름이라고 한다.

조선에 들어와 삼각산은 화악 또는 화산이라고도 했다. 숙종 때에 이르러 임진왜란과 병자호란 등의 불행한 전철을 다시 밟지 않고, 외침에 대비하고자 온 국력을 기울여 북한산성을 쌓았다.

북한산도 일제강점기를 무사히 넘기지 못했다. 일제는 지맥을 끊고 혈을 막는답시고 급소마다 쇠막대기를 박아 놓았으며, 독립운동의 거점이 될 것을 우려해 산성 내의 행궁을 비롯한 대부분의 시설과 사찰을 불태웠다. 성벽의 여장도 마구 허물어 버렸다.

북한산은 서울의 주산이고 진산이다. 서울의 지붕이고 울타리다. 북한산 없는 서울은 상상조차 할 수 없다. 북한산은 높은 기상과 넓은 가슴으로 어떤 일이 일어나도 이 나라와 서울을 끝까지 지켜주었다. 조선 인조 때 병자호란의 치욕 이후 청나라에 인질로 잡혀가면서 찢어지는 심정을 읊은 김상헌의 시조 첫 마디도 삼각산이었다.

가노라 삼각산아 다시보자 한강수야
고국 산천을 떠나고자 하랴마는
시절이 하수상하니 올동말동 하여라

〈삼각산〉

북한산성

조선은 임진왜란과 병자호란 등의 외침을 당하여 극심한 국란을 겪자 도성을 지키고 유사시에 대피할 산성이 절실하게 필요했다.

임진왜란을 겪은 선조와 병자호란을 겪은 효종이 특히 이를 추진했으나 실현에 이르지는 못 했다.

숙종은 강력한 의지로 도성 외곽에 산성의 건설을 추진하여, 북한산을 축성 장소로 결정하였다. 1711년(숙종 37년) 4월 3일에 대규모 축성 공사에 착수했다. 6개월 동안 공사를 강행하여 그 해 10월 19일에 둘레 7,620보의 석성을 완성했다. 공사에는 훈련도감·금위영·어영청 3군문의 군사와 서울의 주민·승려, 모역꾼과 각종 기술자들이 동원되었다.

북한산성의 기본은 보현봉·만경대·백운대·원효봉·대서문·의상봉·증취봉·나한봉 등을 연결하는 선이다. 산성에는 대서문·동북문·북문 3개의 성문과 10개의 암문, 동장대·남장대·북장대가 세워졌다.

1749년(영조 24년)에는 상원봉 아래에 130칸의 행궁과 140칸의 군사 창고를 지었다. 성안에는 승군을 위한 136칸의 중흥사가 있었고, 이밖에도 11개의 사찰과 2개의 암자가 있었다. 8개소의 창고가 있었으며, 99개소의 우물과 26개소의 저수지가 있었다.

북한산성의 보조 성곽으로는 중성과 탕춘대성이 있다. 중성은 대서문 방향의 취약한 곳을 보완하기 위해 축성되었다. 탕춘대성은 북한산성의 외성으로 향로봉 아래에서부터 인왕산까지 연결하여 도성의 안전을 더욱 확고하게 하기 위해 축성되었다. 탕춘대성은 길이 약 4㎞이고 성문인 홍지문은 탕춘대(지금의 세검정) 부근에 오간수문과 함께 복원되어 있다.

북한산성은 국가의 위난에 대비하기 위해 힘들여 건설되었지만 정작 외적의 침입에 맞닥뜨린 적은 없었다. 그래도 서울의 강건하고 웅장한 산성으로서 위용을 잃지 않았으며, 항상 듬직한 보호자 역할을 담당했다. 1893년(고종 30년)에 대규모 보수가 있었다.

북한산성의 둘레는 약 12㎞이고 유역 면적은 543,795㎡다. 대서문이 남아 있고, 보존 상태가 좋은 성벽도 많이 남아 있다. 장대지와 우물터·건물터로 추정되는 방어 시설 일부가 확인되었다. 1990년부터 성문과 성곽들을 복원하고 있다.

다섯. 조선의 왕릉

　사람은 누구나 죽는다. 왕도 죽고 평민들도 죽는다. 왕은 죽어서 명당자리에 큰 무덤을 차지하고, 평민들도 될 수 있는 대로 명당에 묻히고 싶어 하고 무덤도 크게 만들고 싶어 한다. 특히 우리나라와 같이 사후세계와 후손의 장래에 대해 풍수지리에 크게 의존하는 나라에서는 장지의 선택은 대단히 중요한 문제다.

　〈산국도〉에 의하면 최고의 명당은 여자 음부의 모양과 거의 일치한다. 사람은 어머니에게서 태어나 죽어서 흙에 묻힐 때에도 어머니에게 돌아가는 것을 원하기 때문일 것이다.

　통일신라 이전에는 왕의 무덤에는 부장품이 많았다. 그러나 통일신라 이후에는 부정품이 점차 줄거나 아예 없어졌다. 조선의 왕릉에는 부장품이 거의 없다. 그 대신 일정한 형식에 따라 능을 조성하고, 주변에 석물을 배치했다.

　조선에서는 왕과 왕비의 무덤은 능陵, 왕이 아니었던 왕의 부모와 왕세자·왕세자빈의 무덤은 원園, 대군·공주·옹주·후궁 등의 무덤은 묘墓라고 구분하여 불렀다.

　조선에는 모두 44기의 왕릉이 있다. 27명의 왕, 추존왕 5명, 별도의 능을 가진 왕비 12명의 능이다. 연산군과 광해군은 격하되어 묘가 됨으로 정확히는 42능 2묘가 있다. 이 중 2능은 개성에 있고, 나머지 40기의 능은 대부분 서울 시내와 근교에 있다. 능은 한두 개씩 흩어져 있기도 하고 한 곳에 모여 왕릉군을 이루기도 한다.

조선의 가장 큰 왕릉군은 동구릉과 서오릉이다.

조선의 왕릉들은 임진왜란과 일제강점기에도 별로 파손되지 않았다. 일본인들이 왜 왕릉을 파괴하지 않았는지 알 수가 없다. 답은, 추측밖에 없다. 일본인들의 관습과 정서상 왕릉에 대해서는 별 관심이 없었거나, 아니면 왕릉에 손을 대면 천벌을 받을 것 같아 너무 두려웠기 때문일 것이다. 이는 종묘가 임진왜란 때에는 일본군에 의해 불타 버렸으나 일제강점기는 무사히 넘긴 것과도 무관하지 않은 것 같다. 어찌 되었든 조선의 종묘와 왕릉들은 일제강점기에 일본인들 손에 손상되지 않고 보존되었다.

추측 하나를 더 해 본다. 우리가 일제강점기를 지나 동족 전쟁까지 치른 후에도 오늘날 이렇게 살 수 있게 된 것은 누군가의 보살핌이 있었기 때문이 아닌가 싶다. 그 누군가가 바로 왕릉에 누워계신 조선 왕들일 것 같은 생각이 든다. 조선 왕실이 백성들에게 베푼 마지막 은덕이라고 믿고 싶다. 우리가 일본을 추월하는 날이 빨리 올 수 있도록 조금만 더 도와주시기를 바란다. 일본 쪽 입장에서 보면, 조선의 궁궐은 모두 파괴했지만, 왕릉을 파괴하지 않은 것이 치명적 실수였다.

동구릉과 서오릉을 살펴보기로 한다. 그 전에 조선 27대왕 묘호의 첫 글자만 7박자에 맞춰 다시 한번 외워보고 출발하는 것이 좋겠다.

태-정-태-세-문-단-세, 예-성-연-중-인-명-선, 광-인-효-현-숙-경-영, 정-순-헌-철-고-순.

16. 동구릉

정적과 위엄, 동구릉에서 느껴지는 기분이다. 고요하고 넓은 경내를 돌며 곳곳에 펼쳐져 있는 능을 바라보면서 왕조의 전통과 현재의 위상을 대비해 본다. 아이들에게는 역사 공부하며 가슴을 쫙 펴고 다니기에 더없이 좋은 곳이다.

오후 코스 1:00 지하철 2호선 강변역 4번 출구 ➡ 길건너 B번 버스 승차장 1, 1-1, 1-5, 9-2 승차 ➡ 동구릉 하차 ➡ 동구릉 ➡ 수릉 ➡ 현릉 ➡ 목릉 ➡ 건원릉 ➡ 휘릉 ➡ 원릉 ➡ 경릉 ➡ 혜릉 ➡ 숭릉

〈건원릉과 동구릉 앞 풍경〉

매주 월요일은 휴무다. 동구릉에 가면 위의 순서에 따라 관람하는 것이 좋다. 그러나 다음에 나오는 본문은 재위 순서대로 되어 있다.

동구릉

　동구릉은 서울 동쪽의 경기도 구리시에 소재한 아홉 개의 조선 왕
릉이 있는 왕릉군이다. 능이 생길 때마다 동오릉, 동칠릉이라 부르
다가 1855년(철종 6년)에 수릉이 옮겨진 이후 동구릉으로 고정되었
다. 태조 이성계의 무덤인 건원릉이 1408년에 조영된 이후, 지속적
으로 왕릉이 시설되었음은 이곳이 명당이라는 것을 말해 주고 있
다. 이곳에서는 조선 왕릉의 형태가 변화하는 과정도 볼 수 있다.

　중앙 북쪽의 건원릉을 중심으로 동쪽에 3개, 서쪽에 5개의 능이
있어 9릉에 17위의 왕과 왕비가 모셔져 있다. 능의 형식은 조성 형
태에 따라 단릉·쌍릉·삼연릉·동원이강릉·합장릉이 있다. 재실
은 각 능마다 있지 않고 전체적으로 한 곳에만 있다. 1970년 5월에
사적으로 지정되었고, 면적은 1,915,891㎡이다.

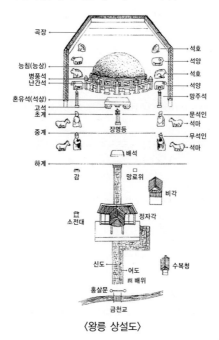

〈왕릉 상설도〉

건원릉

　건원릉健元陵은 조선을 건국한 태조 이성계의 능이다. 태조는 생전에 계비 신덕왕후 강씨와 함께 묻히기를 원해 신덕왕후의 능인 정릉에 자신의 능소를 마련해 두었다. 그러나 태종은 부왕의 유언에 따르지 않고, 태조의 능을 동구릉 지금의 자리에 단릉單陵으로 조영하고, 이듬해 신덕왕후의 능을 도성 밖으로 이장했다. 태조의 정비며 태종의 친모인 신의왕후 한씨의 능은 개성에 있다.

　이성계는 1335년(고려 충숙왕 복위 4년) 10월 11일, 화령부(영흥)에서 이자춘의 둘째 아들로 태어났다. 고려 말기에 여러 번 전공을 세워 백성과 조정의 신망을 얻었다. 1388년 요동 정벌을 위해 출병했다가 위화도에서 회군하여 최영 등을 제거하고 실권을 장악했다. 우왕, 창왕, 공양왕을 차례로 폐위하고 1392년 7월 17일 개경 수창궁에서 왕위에 올랐다. 1393년 3월 국호를 조선이라 하고, 이듬해에 수도를 서울로 옮겼다.

　1398년(태조 7년) 아들들 간에 벌어진 왕자의 난으로 마음이 상한 태조는 고향 함흥으로 돌아갔다. 무학대사와 자손들, 신료들의 간곡한 권유로 한양으로 돌아와 만년에 불도에 정진하다가 1408년 (태종 8년) 5월 24일 창덕궁에서 74세로 승하했다. 9월 9일에 동구릉에 모셔졌다.

　건원릉은 고려 공민왕과 노국공주의 현·정릉을 기본으로 삼아 조영했으며, 조선 최초의 왕릉으로 이후 왕릉의 본보기가 되었다. 고려시대에는 없던 곡장을 봉분 주위에 두르는 등 석물의 조형과 배치에서 변화를 보여주고 있다. 석물의 조형은 남송 말기의 형식을 따랐으나, 새로운 양식도 가미되었다. 봉분에는 다른 왕릉처럼 잔디를 심지 않고 억새풀을 덮었는데, 고향을 그리워하는 태조를 위해 태종이 고향에서 흙과 억새를 가져다 덮었다고 한다.

　봉분의 아래 부분은 십이지신상을 새긴 12면의 화강암 병풍석이 둘러싸고 있고, 병풍석 밖으로는 12칸의 난간석을 둘렀다. 난간석 밖으로는 좌우로 석호石虎와 석양石羊이 두 쌍씩 배치되어 있다. 정

조선의 왕릉 127

면에는 귀면을 새긴 5개의 고석이 받치고 있는 혼유석이 있다. 그 아래에 장명등이 있고 양쪽으로 문석인文石人과 석마石馬가 한 쌍씩 마주 보고 있고, 또 그 아래에는 무석인武石人과 석마 한 쌍이 마주 보고 있다.

현릉

현릉顯陵은 5대 문종과 현덕왕후 권씨의 능이다. 한 능역 안에 왕과 왕비의 무덤이 각기 다른 언덕 위에 따로 있다. 이런 형태의 능을 동원이강릉同原異岡陵이라고 한다. 정자각에서 바라보면 왼쪽 언덕에 있는 능이 문종의 능이고, 오른쪽 언덕에 있는 능이 현덕왕후의 능이다. 홍살문을 비롯하여 정자각과 비각을 하나씩만 세워 동원이강릉임을 나타내고 있다.

문종은 1414년(태종 14년) 세종의 장남으로 태어났다. 29세부터는 세종을 대신하여 정사를 직접 돌보았다. 조선 건국 이후 최초로 적장자嫡長子로서 왕위에 올랐으나 왕위에 오른 지 3년 만인 1452년 5월에 경복궁에서 승하했다. 문종은 생전에 부왕 세종의 곁에 묻히기를 원해 세종의 능인 영릉 옆에 능을 조영하려 했으나 능지가 좋지 않아 동구릉의 건원릉 남동쪽에 현릉이 조영되었다.

현덕왕후는 문종이 승하하기 11년 전인 1441년(세종 23년)에 단종을 낳고 다음날 24세의 나이로 승하했다. 이후 단종의 복위 사건으로 1457년(세조 3년)에 폐위되었다가 1512년(중종 7년)에 복위되어 이듬해 봄, 문종이 묻혀 있는 현릉의 왼쪽 언덕에 천장되었다. 사후 72년만에 왕의 곁으로 돌아온 것이다. 현덕왕후 봉분이 조성된 후에 정자각을 두 능의 중간 지점으로 이건했다.

본래 두 능 사이에는 소나무가 많았는데, 공사를 시작하자 소나무들이 저절로 말라 죽어 두 능 사이를 가리지 않게 되었다는 이야기가 전해진다. 현릉의 능제는 〈국조오례의〉의 모범이 된 세종의 능 제도를 따랐다.

목릉

목릉穆陵은 동구릉의 동쪽 끝에 위치하고 있다. 조선 14대 왕인 선조와 의인왕후 박씨, 계비 인목왕후 김씨 세 분이 잠들어 있다. 홍살문에서는 능이 보이지 않는다. 조금 더 들어가면 멀찌감치 목릉이 자리 잡고 있다. 동원이강릉으로 왼쪽에 선조의 능이 있고, 가운데가 의인왕후, 오른쪽이 인목왕후의 능이다.

선조는 1552년(명종 7년)에 덕흥대원군의 셋째 아들로 태어나 1567년 7월 명종이 후사 없이 승하하자 16세에 즉위했다. 선조는 임진왜란을 겪은 임금이다. 전국을 휩쓴 국제전쟁을 극도의 혼란과 좌절 속에 치른 것이다. 전후에 복구를 위해 애를 썼으나 계속되는 흉년과 당쟁으로 큰 성과를 거두지 못하고 1608년 재위 41년, 57세의 나이로 경운궁에서 승하했다.

의인왕후 박씨는 1569년(선조 2년)에 열다섯 살의 나이로 왕비에 책봉되어 1600년(선조 33년) 소생 없이 46세로 승하했다.

계비 인목왕후 김씨는 김제남의 딸로 1602년(선조 35년)에 왕비로 책봉되었으며 선조의 유일한 적통인 영창대군을 낳았다. 1613년(광해군 5년)에 영창대군이 폐서인이 되어 죽임을 당하고, 1623년에는

〈목릉〉

서궁에 유폐되었으나 그 해 일어난 인조반정으로 신원이 회복되고 대왕대비가 되었다. 1632년(인조 10년) 64세로 승하했다.

목릉의 능역은 원래 의인왕후 박씨의 유릉이 있던 곳이다. 선조가 승하하자 목릉이 건원릉의 서편에 조영되었는데, 물이 차고 터가 좋지 않다고 하여 1630년에 현 위치로 천장되고 유릉과 목릉을 합하여 목릉이라 부르게 되었다. 계비 인목왕후가 세상을 떠나자 능을 동편 언덕에 조영하여 세 능을 이루게 되었다. 정자각도 세 능이 들어설 때마다 자리가 바뀌었다. 현재 목릉의 정자각은 왕릉을 향하여 서 있고, 신로는 세 능으로 모두 뻗어 있다.

임진왜란 이후에 유능한 장인을 구하기 힘들어 목릉의 석물들 조각에 어설픈 면이 보인다. 그러나 의인왕후릉의 망주석과 장명등 대석에는 아름다운 꽃무늬가 새겨져 있고, 이후 왕릉 조영에 큰 영향을 끼쳐 조선 말기까지 계속되었다. 인목왕후릉은 의인왕후릉과 같은 형식을 따르고 있다.

휘릉

휘릉徽陵은 16대 인조의 계비 장렬왕후 조씨의 단릉이다. 장렬왕후는 1624년(인조 2년)에 조창원의 딸로 태어나 15세에 인조의 계비로 책봉되었다. 1649년에 인조가 승하하자 대비가 되었고, 1651년(효종 2년)부터 자의대비라 불리었다. 이후 효종·현종·숙종 대에 이르기까지 왕실의 어른이었다. 1688년(숙종 14년) 8월 26일 창경궁에서 65세로 승하했다.

자의대비는 두 차례에 걸친 복상 문제의 중심에 있었다. 1659년 효종이 승하하자 자의대비가 상복을 입는 기간이 3년이냐 1년이냐 하는 문제로 논쟁이 벌어졌다. 이 논쟁은 기년(1년)으로 결정되었으며, 이것이 이른바 제 1차 예송논쟁이다. 1674년(현종 15년)에 며느리인 효종비 인선왕후가 승하하자 복상 문제로 제 2차 예송 논쟁이 벌어졌다. 1년의 기년제냐 9개월의 대공복이냐 하는 것이었다. 현종은 기년제로 결정하여 자의대비의 복상 문제는 끝이 났다. 이 예송 논쟁은 임진왜란과 병자호란 이후 왕권이 약화되고 신료들의 세력이 증대하는 가운데 복상제를 빌미로 한 서인과 남인 사이의 정치적 논쟁이었다.

휘릉은 3면이 곡장으로 둘러싸여 있고 병풍석은 두르지 않았다. 난간석에는 십이지상을 새겨 열두 방위를 표시했다. 능침 앞에 놓인 혼유석을 받치고 있는 고석이 5개다. 태조에서 세종에 이르는 왕릉의 고석은 5개였으나 세종 영릉 이후 4개로 줄었다가, 이때에 와서 다시 초기의 형식을 따른 것이다.

능침 주변의 석양은 다리가 짧아 배가 바닥에 거의 닿을 정도다. 한두 단계 아래의 문석인과 무석인은 모두 키가 커 240㎝나 된다. 문석인은 부드러운 미소를 띠고 있고, 무석인은 목이 짧아 얼굴과 가슴이 붙어 있고 이목구비가 크다.

〈휘릉의 석물〉

숭릉

숭릉崇陵은 18대 현종과 명성왕후 김씨의 쌍릉雙陵으로 동구릉 서쪽 끝 높지 않은 언덕 위에 조영되었다. 쌍릉이란 한 곡장 안에 왕과 왕비의 봉분이 나란히 2기로 조성된 능을 말한다.

현종은 조선의 왕 중 유일하게 외국에서 태어났다. 병자호란으로 청나라 심양에 인질로 가 있던 봉림대군(후에 효종)과 인선왕후 장씨 사이에 1641년(인조 19년)에 태어났던 것이다. 1644년 청나라에서 귀국했다. 다음 해 소현세자가 갑작스레 죽음으로 아버지 봉림대군이 세자로 책봉되자 세손으로 책봉되었다. 1649년 5월에 인조가 승하하고 봉림대군이 왕위를 잇자 세자에 책봉되었다. 1659년 5월 효종이 승하하자 19세에 왕위를 이었다.

현종은 부왕 효종의 북벌정책이 현실성이 없다고 판단하여 중단했다. 1666년(효종 6년)에는 제주도에 표류해 온 네덜란드인 하멜 일행이 탈출하여 〈하멜표류기〉를 발행하므로 조선을 유럽에 알리는 계기가 되었다. 현종의 재위 기간 동안에는 두 차례에 걸친 자의대비의 복상 문제로 인한 예송의 논쟁이 끊이지 않았다. 현종은 1674년 8월, 재위 15년, 34세로 창덕궁 대조전에서 승하했다. 건원릉 남서쪽 별도의 언덕 위에 숭릉을 조영했다.

명성왕후 김씨는 1634년(인조 12년) 김우명의 딸로 태어났다. 1651년(효종 2년)에 세자빈으로 책봉되었고, 1659년 5월 현종 즉위에 왕비가 되었다. 숙종 초년에는 수렴청정을 했고, 정사에 간여하여 비판을 받기도 했다. 1683년(숙종 9년) 12월 창경궁에서 50세로 승하했다. 소생으로 숙종과 세 공주가 있었다.

왕릉과 왕비릉 모두 병풍석 없이 난간석으로 연결되어 있고, 능침 앞에 혼유석이 하나씩 놓여 있다. 문석인은 온화한 모습에 미소를 머금고 있고, 무석인은 입을 굳게 다물고 눈을 부릅뜨고 있다.

혜릉

혜릉惠陵은 20대 경종의 비 단의왕후 심씨의 능이다. 동구릉 서쪽 능선 숭릉과 경릉 사이에 조성된 단릉이다. 낮은 구릉에 조성되었으며 능역이 전체적으로 좁고 석물의 크기도 다른 왕릉보다 작다. 단의왕후가 타계할 때에는 세자빈의 신분이었으므로 원의 형식으로 지었기 때문이다.

경종은 1688년(숙종 14년) 숙종의 맏아들로 태어났고, 어머니는 장희빈으로 잘 알려진 옥산부대빈이다. 3세 때 세자에 책봉되었고, 14세 때에 어머니 장희빈이 사사되었다. 1720년 숙종이 승하하자 33세에 경덕궁에서 즉위했다. 경종은 1724년 재위 4년만에 창경궁에서 승하했다.

단의왕후는 심호의 딸로 1686년(숙종 12년)에 태어났다. 어려서부터 의젓하고 슬기로워 부모와 주변 사람들의 칭송을 많이 들었다. 11세 때 세자빈으로 간택되어 양전과 세자를 모심에 있어 조금도 흐트러짐이 없었다. 그러나 경종이 즉위하기 2년 전인 1718년(숙종 44년) 2월 소생 없이 창덕궁에서 32세에 세자빈의 신분으로 세상을 떠났다.

1720년 경종이 즉위하자 왕비로 추봉되어 능의 이름을 혜릉이라 했다. 경종과 계비 선의왕후는 서울 성북구 석관동의 의릉에 같이 모셔져 있으나, 일찍 승하한 단의왕후의 혜릉만 이곳에 홀로 조성되어 있는 것이다.

곡장 안의 봉분은 병풍석 없이 12칸의 난간석만 둘러져 있고, 봉분 주위에는 네 쌍의 석호와 석양이 배치되어 있다. 6·25 전쟁 때 홍살문과 정자각이 불타 주춧돌만 남아 있었고, 장명등은 터만 남아 있었다. 1995년에 복원하여 왕비릉의 면모를 다시 갖추었다.

원릉

원릉元陵은 21대 영조와 계비 정순왕후 김씨의 쌍릉이다. 영조는 원비 정성왕후가 잠든 서오릉의 홍릉을 자신의 능지로 정해 쌍릉으로 조영하기를 바랐다. 그러나 영조가 승하하자 정조는 조부의 뜻에 따르지 않고 건원릉 서쪽 산줄기에 영조를 안장하고 원릉이라 했다. 이때 영조의 계비 정순왕후의 압력이 작용한 것으로 보인다. 29년 후에 정순왕후가 승하하자 영조 옆에 모셨다.

영조는 1694년(숙종 20년)에 숙종의 둘째 아들로 창덕궁에서 태어났다. 어머니는 무수리 출신의 숙빈 최씨다. 1699년(숙종 25년)에 연잉군에 봉해졌다. 경종의 건강이 좋지 않고 후사마저 없자 1721년(경종 1년)에 왕세제로 책봉되었다. 이 과정에서 노론과 소론 사이의 당쟁이 심화되어 신임사화가 일어나 노론 60명이 처형되었다. 1724년 경종이 승하하자 31세에 즉위했다.

영조는 즉위 후, 탕평책과 균역법의 시행, 개천(청계천)의 준설 등 많은 치적을 남겼다. 재위 기간 동안 여덟 차례에 걸쳐 능원을 조성하거나 천장할 만큼 능제에도 깊은 관심을 보였다. 영조는 당쟁에 휘말리어 아들 장헌세자를 뒤주에 가두어 죽게 했다. 아들을 죽인 것을 후회하고 애도하는 뜻에서 사도세자思悼世子라는 시호를 내렸다. 영조는 조선의 왕 중 가장 장수하여 83세까지 천수를 누렸으며, 52년 동안 재위에 있었다. 1776년 3월 5일 경희궁에서 승하했다.

정순왕후는 1745년(영조 21년) 김한구의 딸로 태어났다. 15세의 나이에 66세인 영조의 왕비가 되었다. 영조의 아들 장헌세자와 세자빈 혜경궁 홍씨보다 열 살 아래였다. 정순왕후는 장헌세자 죽음의 단초가 되었고, 순조 때에는 수렴청정을 하며 정국을 주도했다. 영·정조대에 이루어진 많은 업적들이 파행으로 치닫게 되는 데에 결정적 역할을 했다. 1805년(순조 5년) 61세로 창덕궁에서 승하했다.

원릉이 있는 이곳은 원래 1660년(현종 1년) 10월에 효종 능인 영릉이 조영되었던 곳이다. 1673년(현종 14년)에 석물에 틈이 생기고 빗물이 스며들 염려가 있다고 하여 천봉하기로 하고 봉분을 열었으나 아무 이상이 없었다. 그리하여 원릉이 조영되었다.

원릉은 병풍석을 세우지 않고 난간석을 둘렀다. 왕릉과 왕비릉 앞에는 혼유석이 각각 놓여 있고, 좌우에 망주석 1쌍이 세워져 있다. 망주석 기단부에 조각된 꽃무늬가 세련되고 화려하다. 봉분 아래 초계·중계·하계 3단으로 이루어진 이전의 왕릉과는 달리 중계와 하계가 합쳐져 문석인과 무석인 사이의 계단을 없애고 같은 단에 배치했다. 이후 조성된 왕릉은 이 제도를 따랐다.

수릉

수릉綏陵은 추존된 익종과 신정왕후 조씨의 능이다. 봉분 하나에 혼유석도 하나만 있어 단릉처럼 보이지만, 익종과 신정왕후 조씨의 합장릉合葬陵이다. 합장릉은 봉분 하나에 두 분이 모셔진 능이다.

익종은 1809년(순조 9년)에 순조의 장남으로 태어나 4세에 효명세자로 책봉되었다. 19세가 되자 순조의 명에 따라 대리청정을 수행했고, 같은 해에 헌종이 되는 원손이 태어났다. 효명세자는 대리청정을 성실히 수행했으나 3년만인 1830년(순조 30년) 22세에 원손만하나 남겨 놓고 타계했다. 순조는 자신보다 먼저 죽은 효명세자의 묘를 성북구 석관동 의릉 왼쪽 언덕에 조영하고 연경묘라고 했다.

1834년 순조가 승하하고 효명세자의 아들 헌종이 즉위했다. 헌종은 아버지 효명세자를 익종으로 추존하고 능의 이름을 수릉이라고 했다. 1846년(헌종 13년)에는 풍수상 불길하다 하여 5월 20일에 양주 용마산 아래로 천장했다. 1855년(철종 6년) 8월에 다시 능을 발굴하여 건원릉 좌측 언덕 지금의 자리로 천장했다.

신정왕후는 조만영의 딸로 1808년(순조 8년)에 태어났다. 12세에 세자빈이 되었고, 1827년에 헌종을 낳았다. 아들 헌종이 즉위하고 남편 효명세자가 익종으로 추존되자 왕대비가 되었고, 순조비 순원왕후가 승하하자 대왕대비가 되었다. 철종이 후사 없이 승하하자 조대왕대비는 흥선군의 둘째 아들을 양자로 삼고 왕위를 잇게 하니 그가 고종이다. 대왕대비는 고종 초기에는 수렴청정을 행하며 흥선대원군과 함께 정국을 주도했다. 1890년(고종 27년) 83세로 승하하여 수릉에 합장되었다. 고종황제는 1899년에 익종은 문조익황제로, 신정왕후는 신정익황후로 다시 추존했다.

수릉에서는 봉분 앞의 문석인과 무석인이 같은 단에 배치되어 있다. 이는 신분제도의 변화에 의한 것이며, 이 상설제도는 《국조상례보편》에 따라 영조 때부터 시행되어 왔다. 지금까지의 문석인은 공복과 복두를 착용했으나 이 능에서는 금관조복을 입고 있다. 무인은 의식용 갑주를 입고 있다.

경릉

　경릉景陵은 조선 왕릉 중 유일하게 세 개의 봉분이 나란히 있는 삼연릉三連陵이다. 오른쪽이 24대 헌종의 능침이고, 가운데가 효현왕후 김씨, 왼쪽이 계비 효정왕후 홍씨의 능침이다.

　헌종은 1827년(순조 27년) 순조의 장남 효명세자와 세자빈 조씨의 아들로 창경궁에서 태어났다. 4세 때 아버지 효명세자를 여의고, 그 해 왕세손에 책봉되었다. 1834년 할아버지 순조가 승하하자 8세의 나이에 왕위에 올랐다. 정국은 할머니인 순조비 순원왕후가 주도했다. 14세 때부터 순원왕후의 수렴청정을 거두고 친정을 시작했다. 1849년 6월, 재위 15년에 후사 없이 23세로 승하했다.

　효현왕후 김씨는 김조근의 딸로 10세에 왕비로 책봉되었고, 1843년(헌종 9년)에 16세로 승하했다.

　계비 효정왕후는 홍재룡의 딸로 14세에 왕비로 책봉되었으며 5년 후 헌종이 승하하자 왕대비가 되었고, 1903년 73세로 승하했다.

　경릉은 원래 헌종의 원비 효현왕후의 능이었다. 6년 후 헌종이 승하하자 경릉 서쪽에 모셨고, 계비 효정왕후 홍씨가 승하하자 동쪽에 모심으로 우왕좌비右王左妃의 원칙에 따라 세 개의 봉분이 나란히 있게 된 것이다.

　본래 이 자리에는 선조의 목릉이 있었다. 1630년(인조 8년)에 목릉에 물이 차고 불길하다는 상소가 있어 목릉을 천장했으나 물이 없었다. 그리하여 효현왕후 김씨의 경릉이 조영된 것이다. 건원릉 서쪽에 위치한 이곳은 헌종의 국상 이후 택지를 위하여 13곳이나 되는 길지를 돌아다닌 끝에 찾아낸 십전대길지의 명당이라고 전해진다.

　곡장 안의 세 능침 모두 병풍석 없이 난간석으로 이어져 있으며, 각 능침 앞에 혼유석을 따로 놓았다. 장대석이 3단에서 2단으로 생략되어 문석인과 무석인이 한 단에 세워져 있다.

17. 서오릉

서오릉에 묻힌 왕족들 중에는 파란만장한 생애를 보낸 분들이 많다. 숙종, 숙종의 왕비들, 영빈 이씨, 장희빈, 덕종과 소혜왕후 한씨 등이 여기 잠들어 있다. 장희빈의 삶과 죽음을 그려보며 서오릉 뒤쪽의 오솔길을 걸어본다.

오후 코스 1:00 지하철 3호선 녹번역 4번 출구 ➡ 버스 9701, 702A ➡ 서오릉 입구 하차 ➡ 서오릉 ➡ 명릉 ➡ 수경원 ➡ 익릉 ➡ 순창원 ➡ 경릉 ➡ 대빈묘 ➡ 홍릉 ➡ 창릉 ➡ 서어나무로

〈익릉에서 바라본 서오릉 앞 풍경〉

매주 월요일은 휴무다. 서오릉에 가면 위의 순서에 따라 관람하는 것이 좋다. 그러나 다음에 나오는 본문은 재위 순서대로 되어 있다.

서오릉

서오릉은 서울의 서북쪽 경기도 고양시에 있는 왕릉군으로 동구릉 다음으로 크다. 추존왕 덕종의 능인 경릉이 1457년에 조영되었고, 1470년에 예종릉인 창릉이 조영됨으로 왕릉군이 구성되기 시작했다. 1968년에 수경원이 천장되었고, 1969년에 대빈묘가 옮겨져 현재 5릉과 2원 1묘가 있다. 1970년에 사적으로 지정되었고, 면적은 1,829,792㎡이다.

경릉

경릉敬陵은 9대 성종의 아버지인 추존왕 덕종과 그의 비 소혜왕후 한씨의 능으로 동원이강릉이다. 능침의 배치는 왕이 우측에, 왕비가 좌측에 모셔지는 것이 원칙이나 경릉에서는 왼편에 왕릉이, 오른편에 왕비릉이 있다. 덕종이 세자일 때 승하했고, 소혜왕후는 대비의 신분으로 승하했기 때문에 우왕좌비의 원칙이 깨진 것으로 보인다.

덕종은 1438년(세종 20년) 세조의 맏아들로 태어났다. 세조는 1455년 단종을 양위시키고 왕위에 올랐고, 같은 해 덕종은 의경세자로 책봉되었다. 의경세자는 예절 바르고 서예에도 능했으나 병약하여 1457년(세조 3년) 20세로 요절했다. 세조가 직접 서오릉에 행차하여 아들의 능지를 택정했다.

소혜왕후는 1437년(세종 10년) 한확의 딸로 태어나 1455년에 세자빈에 책봉되었으나 2년 후 남편 의경세자가 일찍 죽었다. 두 아들 월산대군과 잘산대군을 두었다. 1469년에 예종이 갑자기 승하하자 둘째 아들 잘산대군이 즉위하니 성종이다. 성종은 1472년 아버지 의경세자를 온문의경왕으로 추존하여 능호를 경릉이라 하고, 어머니 한씨를 인수왕대비라고 했다. 1476년(성종 7년)에는 아버지의 묘호를 덕종이라 했다. 1504년(연산군 10년)에 인수왕대비는 소혜왕후로 개봉되었다. 소혜왕후는 〈내훈〉을 간행하여 부녀자 교육에도 힘썼다. 연산군 10년에 폭정을 하는 연산군을 꾸짖자 연산군이 할

머니 소혜왕후를 머리로 들이받아 그 충격으로 승하했다. 68세였
고, 경릉 오른편 언덕에 안장되었다.

경릉의 덕종릉에는 혼유석과 장명등과 문석인 한 쌍만 있고, 난
간석과 망주석과 무석인은 없다. 이 능제는 이후 추존왕 능제의 모
범이 되었다. 소혜왕후릉에는 12칸의 난간석도 있고 문석인 무석
인도 모두 있어 다른 왕비릉과 다름이 없다.

창릉

창릉昌陵은 8대 예종과 계비 안순왕후 한씨의 능이다. 서오릉에
조영된 최초의 왕릉이며, 가장 안쪽에 위치하고 있다. 동원이강릉
을 이루고 있다.

예종은 1450년(세종 32년) 세조의 둘째 아들로 태어났다. 형인 의
경세자가 일찍 죽음으로 1457년(세조 3년) 8세에 세자로 책봉되었
다. 1468년 9월 세조로부터 선위를 받아 즉위했으나 즉위 14개월
만인 1469년 11월에 경복궁 자미당에서 20세의 나이로 승하했다.
부왕 세조의 죽음을 너무 슬퍼한 나머지 건강을 잃었다고 한다.

안순왕후는 한백륜의 딸로 한명회의 딸이 세자빈으로 가례를 올
렸으나 일찍 죽자 다음해인 1463년(세조 9년)에 세자빈으로 책봉되
었다. 예종이 즉위하자 왕비가 되었다. 안순왕후는 2남 2녀를 두었
으나 1남 1녀는 일찍 죽고 남은 자녀는 제안대군과 한숙공주. 예
종이 승하하자 인혜대비에 봉해지고 연산군 3년에는 명의대비에
진봉되었다. 1498년(연산군 4년) 12월에 승하하여 이듬해 2월 창릉
에 안장되었다.

예종릉에는 병풍석은 세우지 않았고, 봉분 주위에 난간석을 두르
고 있으며 석물 배치는 〈국조오례의〉의 전통적인 예에 따르고 있
다. 안순왕후의 석물은 다른 왕비릉의 배치와 같다.

순창원

순창원順昌園은 13대 명종의 장남인 순회세자와 세자빈 공회빈 윤씨의 무덤이다. 순회세자는 1551년(명종 6년)에 태어나 7세에 세자로 책봉되었으나 1563년(명종 18년)에 13세에 세상을 뜨니 순창원이 조영되었다. 공회빈은 윤옥의 딸로 1559년(명종 14년)에 세자빈으로 가례를 올렸다. 순회세자가 죽은 지 29년 후 1592년(선조 25년) 세상을 뜨자 순창원에 합장했다.

순창원은 세자의 묘로 봉분에 병풍석과 난간석을 두르지 않았으며 석물이 작고 간단하다. 봉분 주위로 석양과 석호가 번갈아 배치되어 있고, 봉분의 양 옆으로는 석마를 대동한 문석인이 자리 잡고 있다.

〈순창원〉

명릉

명릉明陵은 19대 숙종과 제 1계비 인현왕후 민씨, 제 2계비 인원왕후 김씨 세 분을 모신 능이다. 숙종과 인현왕후의 능이 쌍릉으로 나란히 조영되어 있고, 인원왕후의 능은 다른 언덕에 단릉으로 모셔져 동원이강릉의 배치를 보이고 있다.

숙종은 1661년(현종 2년) 현종의 외아들로 태어났다. 어머니는 명성왕후 김씨다. 1667년에 세자로 책봉되었고 1674년 현종이 승하하자 14세에 창덕궁에서 즉위했다. 숙종은 왕비가 세 분이었다. 원비 인경왕후 김씨, 제 1계비 인현왕후 민씨, 제 2계비 인원왕후 김씨다. 왕비 외에도 20대 경종을 낳은 희빈 장씨, 21대 영조를 낳은 숙빈 최씨, 명빈 박씨 등의 후궁이 있었다. 숙종의 재위 기간은 정치 세력의 기복이 심한 시기로 붕당정치의 정쟁이 심했다. 희빈 장씨로 인한 왕실의 분란도 있었다. 숙종은 1720년 재위 46년, 60세로 승하했다.

계비 인현왕후는 1667년(현종 8년) 민유중의 딸로 태어났다. 1680년(숙종 6년) 원비 인경왕후가 승하하자 다음 해에 왕비가 되었다. 1689년 희빈 장씨의 무고로 폐위되었다가 1694년 갑술환국 때 복위되었다. 1701년(숙종 27년)에 35세로 승하하자 능호를 명릉이라 하고 현재의 위치에 능을 조영했다. 조영 당시 숙종은 능의 오른쪽을 비워두라는 우허제右虛制를 전교했다. 숙종이 승하하자 생전에 바라던 대로 인현왕후의 오른쪽에 잠들었다.

두 번째 계비였던 인원왕후는 김주신의 딸로 1687년(숙종 13년)에 태어났다. 1702년(숙종 28년)에 16세의 나이로 42세인 숙종의 왕비로 책봉되었고 1757년(영조 33년) 71세로 승하했다. 인원왕후는 죽어서 숙종의 곁에 묻히기를 위해 인현왕후와 숙종이 잠든 명릉에서 약 400보 떨어진 언덕에 자신의 능지를 미리 잡아두었다. 그러나 영조는 미리 정해둔 자리가 아닌 지금의 자리에 그녀를 모셨다. 인원왕후는 생전에 소원했던 것보다 숙종과 더 가까운 곳, 숙종의 능보다 높은 오른쪽 언덕에 잠들게 되었다.

명릉은 숙종의 명에 의해 능역에 드는 인력과 경비를 절감하여 부장품을 줄이고 석물 치수도 실물 크기에 가깝게 하는 등 간소한 제도로 조영했는데, 이는 조선 왕릉제의 분수령을 이루었다. 이 제도는 〈국조속오례의 산릉의〉의 골자가 되었고, 조선 후기의 〈국조상례보편 산릉의〉의 기초가 되었다.

익릉

익릉翼陵은 19대 숙종의 원비 인경왕후 김씨의 단릉이다. 인경왕후는 김만기의 딸로 1661년(현종 2년)에 태어났다. 11세에 세자빈으로 책봉되었고, 1674년 현종이 승하하고 숙종이 즉위하자 14세에 왕비가 되었다. 1680년(숙종 6년) 10월 20세의 나이에 천연두로 승하했다. 두 딸을 낳았으나 모두 일찍 죽었다.

숙종은 왕릉의 능제를 단순화하고 석물을 간소하게 제작하도록 명했으나, 익릉은 그 이전에 조영된 능이므로 기본적으로 〈국조오례의〉의 제도를 따르고 부분적으로 임진왜란 이후의 양식을 따르고 있다. 봉분에 병풍석은 없이 난간석을 둘렀다. 석물들은 크기가 커서 장대한 모습을 하고 있다. 다른 왕릉과는 다르게 석주가 아닌 동자석 상단부에 십이간지를 글자로 새겨 놓았다.

대빈묘

대빈묘大嬪墓는 숙종의 후궁이자 20대 경종의 어머니인 희빈 장씨의 묘다. 희빈 장씨는 1662년(현종 3년)에 태어났다. 아버지는 장형이고, 거부이자 역관인 숙부집에서 자랐으나 가문이 몰락하여 궁녀로 입궁했다. 숙종의 총애를 받아 1688년(숙종14년)에 경종을 낳았다. 다음해 1689년 1월에 희빈에 책봉되었고 5월에는 왕비 민씨가 폐위되고 희빈 장씨가 왕비가 되었다. 5년 후, 1694년 장씨는 다시 희빈으로 강봉되고 인현왕후 민씨가 복위되었다.

1701년(숙종 27년) 인현왕후가 승하한 다음, 장희빈이 인현왕후를 무고하고 저주한 죄가 밝혀져 10월 10일, 장희빈은 사약을 받고 세상을 떠났다. 경기도 광주군 오포면 문형리에 장사지냈고, 1720년 아들인 경종이 즉위하자 옥산부대빈玉山府大嬪에 추존되었다. 1969년 서오릉 지금의 자리로 묘를 옮겼다.

홍릉

홍릉弘陵은 21대 영조의 원비 정성왕후 서씨의 능이다. 정성왕후는 1692년(숙종 18년) 서종제의 딸로 태어났다. 1704년(숙종 30년) 숙종의 둘째 아들 연잉군(후에 영조)과 가례를 올렸다. 1721년(경종 1년) 연잉군이 왕세제가 되자 세제빈에 책봉되었고, 1724년 경종이 승하하고 연잉군이 왕위에 오르자 왕비가 되었다. 1757년(영조 33년) 2월, 66세를 일기로 소생 없이 승하했다.

영조는 정성왕후가 승하하자 왕후의 능지를 정하면서 장차 함께 묻히고자 우허제를 명하여 왕비 능의 오른쪽에 자리를 비워두고 쌍릉 형식으로 조영했다. 석물도 훗날 자신의 능이 조성될 것을 염두에 두고 배치했다. 그러나 1776년에 영조가 승하하자 정조는 영조의 능을 동구릉에 자리 잡았다. 서오릉의 영조 능으로 예정되었던 자리는 빈 터로 남고 석물만 쌍릉 양식으로 남아 있다.

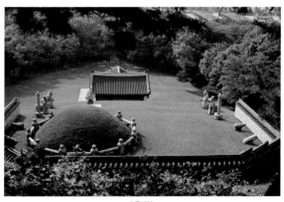

〈홍릉〉

수경원

수경원綏慶園은 21대 영조의 후궁이자 사도세자의 어머니인 영빈 이씨의 무덤이다. 영빈 이씨는 어려서부터 궁녀 생활을 했고, 1730년(영조 6년) 영빈에 봉해졌다. 5명의 옹주와 후일 사도세자가 되는 원자를 출산했다. 영빈 이씨는 1762년(영조 38년) 사도세자가 폐위되는 일에도 크게 동요하지 않았다고 한다. 1764년(영조 40년) 69세의 나이로 세상을 떠나자 영조는 후궁 제일의 의식으로 장례를 지냈으며, 다음해 의열이라는 시호를 내렸다.

영빈의 무덤은 처음에는 지금의 연세대학교 구내에 있었으나 1968년 6월 서오릉으로 천장되었다. 그러나 정자각은 연세대학교에 그대로 남아 있다. 홍살문은 어디에 갔는지 연세대학교에도 없고, 서오릉에도 보이지 않는다. 수경원에는 홍살문도 없이, 정자각도 없이 능침만 있다. 수경원은 후궁묘의 예로 조영하여 석물들이 간단하게 꾸며졌다.

여섯. 일제의 조선 강점

 우리가 일제강점기에 일본에 당한 원통한 일은 이루 말로 다 표현할 수가 없다. 임진왜란 때 그렇게 끔찍하게 당했는데 300여년이 지나 다시 일본에게 처참하고 혹독하게 당한 것이다. 사람은 사람대로 죽고 다치고 핍박받았으며, 자연과 유적은 파손될 대로 파손되었고, 유물들은 수도 없이 빼앗기고 사라졌다.

 전국이 다 그랬지만, 특히 서울의 경우에는 누구 하나 편한 사람이 없었고, 어느 곳 하나 불타고 부서지고 뒤틀리지 않은 곳이 없었다. 서울의 역사 문화 탐방이란 일제의 만행을 확인하는 작업이라고 할 수 밖에 없다.

 지금 일본 사람들은 과거의 일이고 그럴 수도 있는 일이라고 모르는 체하고 있고, 우리는 진실도 제대로 파악하지 못한 채 세월의 흐름에 따라 자연스레 잊고 있다. 사람에게는 잊을 일이 있고 잊어서는 안 될 일이 있다. 우리가 일제에게 당한 일은 잊어서는 안 될 일에 속한다.

 저들이 무엇을 잘못했고, 어떤 죄악을 저질렀는지를 분명히 가르쳐 주어야 한다. 그리고 죄에 알맞은 벌도 내려야 한다. 또한 일제의 앞잡이 노릇을 한 사람들에게도 마땅한 응징이 있어야 한다. 그런 기회는 반드시 오리라고 믿는다. 세상은 그렇게 불공평하지도 않고, 역사란 어느 한쪽만 유리하게 전개되는 것이 아니기 때문이다.

18. 항일운동 현장

　오늘은 서대문 독립공원, 탑골공원, 효창공원에 간다. 모두 공원이라는 이름이 붙어 있지만 사실 이곳은 공원이 아니다. 공원이란 편안한 마음으로 쉬는 곳이지만 이곳에서는 차마 그럴 수가 없다. 우리 민족의 한이 맺히고 죄없는 애국자들의 피눈물이 고여 있는 감옥이고 무덤이기 때문이다.

> **하루 코스** 10:00 지하철 3호선 독립문역 4번 출구 ➡ 독립문 ➡ 서대문 독립공원 ➡ 서대문 형무소 역사관 ➡ 지하철 3호선 종로 3가 방향 승차 ➡ 종로 3가역 1번 출구 ➡ 탑골공원 ➡ 점심식사 ➡ 지하철 1호선 종각역에서 남영 방향 승차 ➡ 남영역 1번 출구 ➡ 숙명여대 앞 ➡ 효창공원 ➡ 임정요인 묘 ➡ 삼의사 묘 ➡ 의열사 ➡ 백범 김구 묘 ➡ 백범기념관

〈독립문과 영은문 주춧돌〉

　서대문 형무소 역사관과 백범기념관은 모두 1월 1일, 설날, 추석, 매주 월요일(공휴일이 월요일인 경우에는 다음날)은 휴관이다.

독립문

독립문은 우리나라가 중국의 영향으로부터 벗어나고, 당시 조선을 위협하고 있던 일본·러시아·서구 열강의 간섭으로부터 벗어나 영구 독립을 이루고자 하는 기원이 담긴 기념물이다.

1884년 갑신정변 실패 후 미국에 망명했던 서재필이 1896년 귀국했다. 서재필은 귀국 후 독립협회를 조직하는 한편, 사대 외교의 표상인 영은문을 헐어버리고 그 자리에 독립문을 세울 것을 뜻있는 인사들에게 건의했다. 이 건의는 국가적으로 폭넓은 지지를 얻었다.

1896년 6월에 독립문 건립 계획이 구체화되었다. 서재필이 건립을 담당하고 건립 비용이 책정되고 국왕의 동의도 얻었다. 영은문은 헐리고 그 뒤에 있던 모화관은 독립관으로 바뀌었다. 11월에 대대적인 정초식을 거행하고, 1년 뒤인 1897년 11월 20일에 독립문이 완공되었다. 조선이 대한제국으로 바뀐 지 한 달이 조금 지난 후였다. 독립문은 기울기 시작한 국운을 바로잡아 보려는 왕실과 전 국민의 염원의 결실이었다.

독립문은 프랑스 파리의 개선문을 모델로 삼았으나, 비용 때문에 개선문보다 작게 만들어졌다. 서재필의 자서전에 따르면, 설계는 당시 독일공사관에 있던 스위스 기사가 담당했고, 우리나라 목수 심의석이 시공했다고 했다. 그러나 〈경성부사〉에는 러시아인 사바친이 공사를 담당했다고 했다.

독립문은 화강석을 쌓아 기둥을 세우고 중앙에 홍예문을 설치한 구조다. 왼쪽 기둥 내부에는 옥상으로 통하는 층계가 있으며, 정상부에는 난간이 돌려져 있다. 이맛돌에는 대한제국의 문장인 오얏꽃무늬가 새겨져 있고, 문 앞뒤로 한글과 한자로 '독립문'과 양옆에 태극기가 새겨져 있다. 높이 14.28m 너비 11.48m다.

독립문은 1963년 사적으로 지정되었다. 1979년 성산대로가 개설되면서 원래의 위치에서 서북쪽으로 70m 정도 떨어진 지금의 자리로 옮겨졌다. 문 앞에는 영은문 주춧돌 한 쌍이 서 있다.

서대문 형무소

일제는 침략에 저항하는 우리나라 애국지사들을 투옥하기 위하여 1907년에 인왕산 아래 서대문구 현저동에 근대식 감옥을 개설했다. 일본인이 설계하고 500여 명의 기결수를 수용할 수 있는 1,750㎡의 목조건물을 지어 경성 감옥이라 하고 500여 년 간 사용된 종로 전옥서 감옥에 수감되어 있던 기결수들을 옮겨왔다.

일제는 늘어나는 항일 애국인사들을 모두 수감하기 어렵게 되자, 1912년에 마포구 공덕동에 감옥을 새로 지어 경성 감옥이라 하고, 이곳은 서대문 감옥이라고 이름을 바꾸었다. 서대문 감옥은 1918년부터 형무관 양성도 겸했으며, 전국의 10년 이상 또는 무기형을 언도 받은 기결수도 수감되어 있었다.

일제강점기 당시에 우리나라 18세 미만의 소녀수少女囚들이 모두 이곳에 수감되어 있었다. 1919년 3·1운동 때에는 유관순 열사도 구금되어 모진 고문 끝에 순국했고, 민족대표 33인을 비롯하여 수많은 사람들이 투옥되어 고초를 겪었다.

1923년 5월에는 서대문 형무소로 이름이 바뀌었고, 1935년에는 미결수를 구금하는 구치감 시설도 갖추었다. 광복 전 해인 1944년에 서대문 형무소에는 2,890명이 수용되어 있었다.

광복 직후인 1946년에는 경성 형무소, 1950년에는 서울 형무소로 이름이 바뀌었으며, 이 시기에는 반민족 행위자와 친일 세력들이 대거 수용되었다. 1961년에 서울 교도소로 개칭되었고, 이 무렵에는 4·19 혁명과 5·16 군사 쿠데타 같은 정치적 상황에 따라 많은 시국 사범들이 수감되었다. 1967년 7월에 서울 구치소로 이름이 바뀌었다.

서울 구치소가 도심에 있는 것이 좋지 않아 1987년 11월에 경기도 의왕시로 옮겼다. 당시 옥사는 모두 15개동이었으며 역사성과 보존 가치를 고려하여 제 9·10·11·12·13 옥사와 중앙사·나병사·사형장을 보존했다. 1988년에는 김구·강우규·유관순 등이 옥고를 치른 제 10·11·12사와 사형장이 사적으로 지정되었다.

1992년 제 47주년 광복절을 맞아 이 일대를 서대문 독립공원으로 개원했다. 1998년에는 서대문 형무소 역사관을 개관했고, 3·1운동 때 유관순 열사가 갇혀 있던 지하 여자 감옥, 윤봉길 의사가 복역 중 만들었다는 붉은 벽돌, 강우규 의사가 처형당한 사형장, 독립투사들이 투옥되었던 3㎡ 남짓한 좁은 감옥들이 원형대로 복원되었다.

서대문 형무소에는 80년 동안 약 35만 명이 수감되어 있었다. 특히 일제강점기 동안에는 많은 우리의 애국자들이 좁은 감방 안에서 비통한 원한을 품고 절규하다가 피를 쏟고 숨을 거두기도 하였다. 형무서 안에서 저질러진 일제의 악랄한 고문은 지금 우리가 상상조차 할 수 없는 악마적인 행위였다. 겪어 보지 않은 사람은 모른다는 말은 이럴 때 쓰는 말이라고 한다.

〈서대문 형무소 출입문〉

〈서대문 형무소 옥사〉

탑골공원

탑골공원은 종로에 있는 서울 최초의 근대식 공원으로, 조선시대 원각사가 있던 자리에 만든 공원이다. 원각사는 고려 때부터 있던 흥복사를 1465년(세조 11년)에 중건하고 이름을 바꾼 절로 조선 초기에는 조계종 본사로 운영되었다. 도성 내 3대 사찰의 하나로 번창했으나, 억불정책으로 연산군 때에 폐사되고 중종대에 이르러 절이 철거되어 폐허가 되었다.

1897년(광무 원년) 대한제국 탁지부 고문인 영국인 브라운의 건의로 이곳에 서구식 공원을 건립하고, 남아 있던 원각사탑을 지칭하여 파고다공원이라 했다. 처음에는 울타리를 두르고 나무를 심고 벤치를 놓는 정도였다.

파고다공원은 1919년 기미년 3월 1일, 독립선언문을 낭독하고 독립만세를 외친 3·1운동의 발생지다. 그 날 아침부터 파고다공원에는 4~5천명의 학생들이 모여들었고, 오후 2시가 되자 학생 대표가 독립선언문을 낭독하고 독립만세를 불렀다. 이때 민족대표 33인은 독립선언을 하기 위해 태화관에 따로 모여 있었다.

파고다공원의 학생들은 태극기를 꺼내 흔들며 대한독립만세를 외쳤고, 공원을 나설 때는 수만 명의 군중이 호응하여 함께 덕수궁을 향해 행진했다. 전국으로 퍼진 3·1 만세운동은 이렇게 파고다공원에서 시작되었던 것이다.

3·1운동의 여파는 컸다. 3·1운동 이후 3개월 동안에 집회 1,500여 회, 참가 인원 136만여 명, 사망 6,670명, 부상 14,600명, 피검자 52,730명 등이었다. 일제는 시위 가담자들을 끝까지 색출 검거하여 수많은 애국지사들이 투옥되고 순국했다.

3·1운동 이후 일제는 식민지 정책을 근본적으로 강화하여 조선은 더욱 암담한 시기로 접어들었고, 국내에서의 독립운동은 위축될 수밖에 없었다. 수많은 우국지사들이 만주로 중국으로 해외로 망명을 떠났고, 상하이에서는 임시정부가 수립되었다.

3·1운동은 조선인의 살아 있는 정신을 세계 만방에 알린 위대한

운동이었고, 이 날은 한반도에 살고 있는 모든 백성들이 자긍심을 가지게 한 날이었다. 일제강점기 동안 전 국민의 단결과 행동력을 보여준 것은 3·1운동이 처음이자 마지막이었다. 3·1절은 한국의 국경일 중에서 가장 의미 깊은 날이고, 앞으로 3·1절 기념식은 이곳 탑골공원에서 거행되어야 할 것이다.

현재 탑골공원에는 원각사지 십층석탑(국보 제 2호)과 원각사비(보물 제 3호) 등 문화재와 3·1 독립선언기념탑, 손병희선생 동상, 독립선언문을 낭독하고 만세를 부른 팔각정, 독립운동 부조 등이 있다. 1992년 파고다공원에서 옛 이름인 탑골공원으로 개칭되었다. 면적은 15,720㎡이다. 시내 한복판에 있고, 최고 수준의 유물들이 있고, 3·1운동의 발상지이지만, 이곳을 찾은 시민들의 표정은 별로 감격스러워 보이지 않는다.

효창공원

효창공원은 조선 22대 왕인 정조의 큰 아들로 5세에 죽은 문효세자의 무덤인 효창원孝昌園이 있던 자리다. 후에 문효세자의 생모인 의빈 성씨, 순조의 후궁인 숙의 박씨, 숙의 박씨의 소생 영온옹주가 안장되었다.

효창원은 일대에 수림이 울창하여 경관이 매우 좋은 곳이었으나, 1894년 5월 청일전쟁이 일어나기 직전, 우리나라에 불법으로 침공한 일본군의 주력부대가 효창원 남쪽 끝의 솔밭에 주둔하면서 훌륭했던 경관이 허물어지기 시작했다.

1924년 6월에 일제가 효창원의 일부를 효창공원으로 개발하고, 일제 패망 직전인 1945년 3월에는 문효세자를 비롯한 모든 무덤들을 고양시의 서삼릉으로 옮김으로 효창원은 원으로서 종말을 고했다.

1946년 7월에 김구 등이 중심이 되어 조국 광복을 위해 목숨을 바친 이봉창·윤봉길·백정기 3의사의 유해를 이곳에 안장하고, 안중근의사의 가묘를 만들었다. 1948년 9월에는 임시정부 요인이었던 이동녕·차이석·조성환을 공원 동남쪽 기슭에 안장했다.

1949년 6월에는 김구마저 세상을 떠나자 국민장으로 공원 서북쪽 언덕에 모시게 되어 이 일대는 일제에 항거한 애국지사들의 유해를 모신 선열묘소가 되었다.

김구의 묘소가 이곳에 있음을 못마땅하게 여긴 이승만 정권은 선열묘소를 교외로 옮기려고 했다. 1959년 봄부터 제 2회 아세아축구대회 유치를 구실로 묘소를 옮기고 바로 앞에 효창운동장 개설을 추진했던 것이다. 그러나 효창공원선열묘소보존회가 결성되고, 각계의 반대 여론이 들끓어 묘소 이전은 보류되었지만, 효창운동장은 수천 그루의 나무와 숲 속의 연못까지 파손시키며 끝내 1960년에 개장되었다. 효창공원의 서남쪽 아래가 4분의 1 가까이 잘려나간 것이다. 다음해 5·16 군사쿠데타의 친일 세력들이 다시 선열묘소를 서오릉 부근으로 이전하려고 했으나 역시 유족과 사회 각층의 반대로 보류되었다.

1972년 서울시에서는 효창공원 조경사업을 10개년 계획으로 시행했다. 1984년 12월에는 각 묘소 앞의 묘표석을 새롭게 세우고, 1988년 12월에는 의열사와 창열문을 건립하고 묘역 확장과 정비를 마무리 지었다. 1989년 6월 사적으로 지정되었고, 공원 면적은 123,307㎡이다.

〈삼의사 묘〉 왼쪽 끝에 안중근의사의 가묘가 있다

백범기념관

　백범기념관은 겨레의 큰 스승 백범白凡 김구金九(1876. 7. 11~1949. 6. 26)의 삶과 사상을 널리 알리고 계승, 발전시키기 위해 2002년 10월에 서울 용산구 효창공원 안에 개관한 기념관이다.

　한국 근·현대사 전문 역사박물관으로 백범을 통해 대한민국 임시정부의 역사와 한국 근·현대사를 이해하고, 분단된 조국의 자주·민주·평화적 통일을 지향하며, 민족의 아름다운 문화를 발전시켜 나가기 위한 겨레의 문화적 삶의 공간이다. 전시관에는 한국 근·현대사 가운데 동학, 의병, 애국계몽운동, 대한민국 임시정부, 의열투쟁, 한국광복군, 통일운동, 교육운동 등과 함께 백범의 일대기에 관한 각종 기록과 자료가 전시되어 있다.

　김구는 황해도 해주에서 가난한 집안의 외아들로 태어나, 평생을 항일과 통일을 위해 싸웠다. 김구는 자신을 백정과 범부라고 낮추어 '백범'이라는 호를 썼지만, 그는 어느 왕후장상 못지않은 강인한 정신과 신체를 지니고 있었다. 백범은 나라와 민족을 구하고 침략자를 징벌하는 일이라면 사람을 죽일 수도 있었고, 테러와 암살도 마다하지 않았다.

　그러던 그가, 광복이 되자마자 조국이 남북으로 갈라지는 현실을 직접 몸으로 겪어야 했고, 6·25전쟁이 일어나기 꼭 1년 전에 같은 민족의 흉탄에 숨을 거두고 만 것이다. 만약 백범이 살아 있었다면 전쟁은 일어나지 않았을 것이라는 주장도 새겨들을 만하다.

　백범은 자신의 생애를 상세히 기록한 〈백범일지〉를 남겼다. 〈백범일지〉는 대한민국 국민이라면 누구나 반드시 읽어야 할 책이다.

일곱. 6 · 25 한국전쟁

　일제강점기 36년이 겨우 끝나자 이번에는 국민들이 사상적으로는 좌우, 지리적으로는 남북으로 갈려 싸움을 시작했다. 1945년 해방 직후부터 시작된 충돌은 1948년 정부 수립 즈음에는 극한으로 치닫고 있었다. 그 밑바닥에는 수만 년에 걸쳐 이루어졌을 북방민족과 남방민족의 혼합, 적어도 2천여 년 왕조국가의 체제에서 만들어진 지배층과 피지배층 간의 갈등, 삼국시대 이래로 고착화 되다시피 한 지역감정, 새로운 이데올로기의 수용에 따른 가치관의 변화, 일제강점기 동안 억눌려 있던 저항욕구의 분출 등이 깔려 있었다.

　마침내 냉전체제의 양극 미국과 소련, 공산화에 성공하여 기세가 오른 중공, 적화통일의 야망에 눈먼 북한 지도자들, 무능하고 편협한 남한의 정치가들, 경제적 이익만 된다면 남의 나라 전쟁 따위는 아랑곳 하지 않는 일본, 이들이 만들어낸 종합 비극 한국전쟁은 광복 5년 만에 기어이 터지고 만 것이다.

　지정학적으로도 한반도는 지구상에서 중국과 소련, 현해탄 건너 일본, 태평양 건너 미국 등 강대국들과 국경을 직접 맞대고 있는 유일한 지역이다. 강대국들이 직접 충돌한다면 이곳밖에 없다. 이 지역은 세계 강국들의 힘이 부딪치는 꼭지점인 것이다.

　1950년 6월 25일 새벽에 일어난 전쟁은 막강한 현대 무기 화력의 전시장이 되어 예상을 뛰어넘는 참상이 벌어졌다. 한반도 전체가 전쟁터가 되었으며, 한국군 14만, 유엔군 3만 8천, 북한군 52만, 중공군 90만 명의 병력이 목숨을 잃었다. 남한에서는 100만 명 이상의 민간인이 죽거나 부상을 당했고, 1,200만 북한 인민 중 300만 명 이상이 북한을 탈출하여 남한으로 넘어왔다.

　전쟁이 갈수록 참혹해지고 확장됨에 따라 당혹감과 공포감을 느낀 전쟁 당사국들은 1951년 7월부터 정전회담을 시작했다. 이때부터 정전협정이 조인될 때까지는 38선 부근에서 한 치의 땅이라도 더 확보

하기 위해 치열한 국지전이 전개되었다. 1953년 7월 27일, 전쟁 발발 3년 1개월, 정전회담 개시 2년만에 정전협정이 조인됨으로 휴전 상태에 들어갔다. 그리고 56년이 지난 지금까지 그 상태에 있다.

대다수 국민들에게 6·25 한국전쟁은 거의 잊혀져 가는 전쟁이다. 그러나 전쟁은 아직 휴전 상태고, 남북의 분단은 기정사실화되어가고 있으며, 개인과 사회에 남겨진 상처는 쉽게 아물지 않고 있다. 6·25 한국전쟁을 완전히 끝내는 일이 우리에게 주어진 의무이고, 그 끝은 자주적 평화통일이다.

〈6·25 한국전쟁 일지〉

1950. 6. 25. 북한군, 기습 남침

　　　 6. 26. 유엔 안전보장이사회, 북한군 무력침공 중지 결의

　　　 6. 27. 미 정부, 극동 해군·공군에 한국군 지원 명령

　　　 6. 28. 한강 인도교 폭파. 북한군, 서울 점령

　　　 8. 01. 국군·미군, 낙동강 방어선으로 후퇴

　　　 9. 15. 인천상륙작전

　　　 9. 28. 서울 수복

　　　 10. 01. 국군, 38선 돌파

　　　 10. 19. 국군·유엔군, 평양 탈환

　　　 10. 25. 중공군, 개입 시작

　　　 12. 14~24. 국군·유엔군, 흥남 철수 작전

1951. 1. 04. 1·4 후퇴, 서울 철수

　　　 3. 15. 국군, 서울 재탈환

　　　 7. 10. 개성에서 휴전회담 시작

　　　 10. 25. 휴전회담 장소 판문점으로 이동

　　　 10. 28. 군사분계선 설정 합의

　　　 12. 18. 쌍방 포로 명단 교환

1952. 10. 06~10. 15. 백마고지 전투

1953. 6. 18. 반공포로 석방

　　　 7. 27. 휴전협정 조인

19. 전투와 순국

6·25 한국전쟁은 비인도적이고 비합리적인 전쟁이었다. 외세에 의존해 동족 간에 벌어진 있을 수 없는 전쟁이었기 때문이다. 한국 군과 유엔군을 합해 18만 명이 전사했고, 적군은 150만 명 가까이 죽었다는데 그 사람 숫자가 얼마나 되는지 가늠조차 잘 안 된다. 모두 다 어느 집의 소중한 아들들이었다.

하루 코스 10:00 지하철 2호선 이대입구역 1번 출구 ➡ 버스 163·171·172·270·607·721·751번 승차 ➡ 연희 104고지(구 성산회관) 하차 ➡ 연희 104고지 전적비 ➡ 연희고지 정상 ➡ 하산 ➡ 서울역 방향 버스 승차 ➡ 서울역 하차 ➡ 점심식사 ➡ 지하철 4호선 동작 방향 승차 ➡ 동작역 하차 4번 출구 ➡ 육교 ➡ 국립서 울현충원 측문 ➡ 국립서울현충원

〈국립서울현충원의 무궁화〉

연희 104고지는 주택가 뒷산이므로 출입에 아무런 제한이 없다. 국립서울현충원은 연중무휴나 참배시간은 동절기에는 5시까지, 하 절기에는 6시까지다.

연희 104고지

연희 104고지는 서울 서대문구 연희동에 있는 높이 104m의 작은 산이다. 인천상륙작전에 성공한 한·미 연합군이 서울 수복을 위해 진격하던 중 북한 인민군과 피할 수 없는 일전을 치른 곳이다.

당시 연희고지의 북한군은 제 25여단 및 독립 78연대 소속 약 4천 명 규모였으며, 장교 및 준사관은 대부분 중공군에서 복무했던 정예 전투 경험자들이었다. 1950년 9월 21일, 한국 해병대 제 1대대를 중앙, 미 해병대 제 5연대 제 1대대를 좌, 제 3대대를 우로 하여 일제히 공격을 개시했다.

한국 해병대 제 1대대는 과감한 공격을 강행하여 치열한 백병전 끝에 그 날 18시 30분에 104고지를 완전 점령했다. 9월 22일 새벽 약 600명 규모의 적군은 120밀리 박격포와 각종 공용화기의 지원 아래 3시간 동안 2차에 걸쳐 단말마적인 역습을 감행해 왔으나 한국 해병대는 필사적으로 이를 격퇴했다. 이 고지의 점령은 수도 탈환의 결정적 계기가 되었다.

연희 고지에는 당시 처절한 전투를 치른 해병대의 용맹과 희생을 기리기 위해 '해병대 104고지 전적비'가 건립되어 있다. 전적비 안내문에 새겨진 건립 취지를 원문 그대로 옮겨 본다.

북괴군이 서울 사수의 최후 방어선으로 연희동 104고지 일대를 완전 요새화하여 강력하게 방어했으나, 한강을 도하한 한국 해병대가 1950년 9월 21일 공격을 감행 치열한 백병전 끝에 적을 격퇴시키고 104고지를 탈환함으로써 중앙청에 태극기를 게양했고 수도 탈환의 발판이 된 전투였다. 이곳 격전지에서 3일 주야간의 끝없는 혈전으로 1개 중대 중 26명만이 생존하는 처절한 혈전 중에 고지를 탈환했다. 수도 서울 탈환 작전에서 장렬히 산화한 젊은 해병대원들의 명복을 깊이 추모하기 위해 이 비를 건립함.

우리는 104고지를 찾아 이 추모비 앞에서 묵념이라도 해야 한다.

국립서울현충원

국립서울현충원은 서울 동작구 현충로에 위치한 순국선열과 호국영령이 잠들어 있는 성역이다. 관악산 북쪽 기슭 끝, 한강 옆에 자리잡고 있다. 사시사철 참배객이 끊이지 않으며, 주요 외국 인사들이 한국을 방문하면 빠짐없이 참배하는 곳이다. 항일의병과 애국지사, 국가유공자, 전사 · 순직한 국군 장병과 경찰관 등이 모셔져 있다.

1955년 7월 국군묘지가 처음 창설되었고, 1956년 1월부터 전몰장병이 안장되기 시작했다. 1956년 6월 6일에는 제 1회 현충일 추념행사가 거행되었다. 이어 애국지사 · 재일학도의용군 · 학도의용군 무명용사가 합동 안장되었고, 1965년 3월에 국립묘지로 승격되었다. 1965년 7월에는 전사 · 순직한 경찰관을 안장하기 시작했고, 1993년 8월에는 상해 임시정부 요인을 안장했다. 2006년 1월에 국립서울현충원으로 이름이 바뀌었다.

2006년 말 현재 안장되어 있는 위수는 묘소 54,458위, 충혼당 484위, 위패 103,802위, 무명용사 6,912위로 합계 165,656위다. 80% 이상이 6 · 25 한국전쟁에서 전사한 분들이고 매장자도 절반 이상이 6 · 25 때 순국한 분들이다.

국립현충원은 형식이나 절차를 따지는 곳이 아니고, 특별한 날 매스컴에만 등장하는 곳이 아니다. 무조건 자주 찾아가야 하는 곳이다. 경건한 마음이 아니더라도 소풍가는 기분으로라도 찾아가야 한다. 이곳에 계신 영령들은 당신들의 아이들이 자주만 찾아주면 반가워할 것이기 때문이다. 사람이라면 1년에 한 번, 아니면 10년에 한 번이라도 이곳에 들러 목숨 바쳐 나라와 후손을 위해 싸우다 가신 분들에게 깊이 머리 숙여 감사해야 한다. 사람의 목숨보다 소중한 것은 없다. 높은 곳에 웅장하게 자리를 차지하고 있는 전직 대통령들 꼴 보기 싫어 안 간다는 것은 핑계다.

20. 전쟁의 추억

전쟁은 당사자들에게는 참담함과 고통을 주지만, 후대 사람들에게는 추억과 흥미의 한 장면일 뿐이다. 전쟁기념관은 웅장하고 잘 정돈되어 있어 보기 좋다. 돌아가신 분들에게 죄스러운 마음이 든다.

오후 코스 1:00 지하철 4·6호선 삼각지역 12번 출구 ➡ 전쟁기념관 서문 ➡ 평화의 광장 ➡ 본관 ➡ 호국추모실 ➡ 전쟁역사실 ➡ 6·25전쟁실 2·3층 ➡ 유엔실 ➡ 전시생활실 ➡ 전쟁체험실 ➡ 해외파병실 ➡ 국군발전실 3·2층 ➡ 대형·방산 장비 전시실 ➡ 옥외 전시장 ➡ 회랑 2·3·4·1구역

〈전쟁기념관〉

매주 월요일에 휴관이다(월요일이 포함된 연휴 때는 마지막 다음날 휴관). 지하철역에서 아주 가깝다.

전쟁기념관

전쟁기념관은 1994년 6월 10일에 서울 용산에 개관한 우리나라의 역사 중에서 전쟁과 관련된 유물과 자료들만을 모아놓은 기념관이다. 부지 116,590㎡에, 연건축면적 56,042㎡, 전시실 20,324㎡에 1만여 점의 유물이 전시되어 있다. 3층의 기념관과 옥외의 전시 공간이 있다.

평화의 광장
기념관 앞에는 평화의 광장과 분수대가 있고, 그 앞에는 〈형제의 상〉, 〈6 · 25전쟁 기념 조형물〉, 〈광개토대왕비〉가 세워져 있다. 전시관 정면과 좌우 삼면 회랑에는 한국군 창설 이후 전사한 16만여 명의 국군전사자 명비와 3만 8천여 명의 유엔군전사자 명비가 있다.

호국추모실
국가와 민족이 위기에 처했을 때 나라를 지키다 숨진 호국선열들의 위업을 기리고 그들의 정신을 되새기며 넋을 추모하는 공간이다. 민족의 시련과 극복, 민족의 단결, 조국의 번영과 영원성을 주제로 한 조형물, 부조, 벽화가 있다.

전쟁역사실
구석기시대, 신석기시대, 청동기시대, 철기시대부터 일제강점기에 이르기까지 우리 조상들이 사용했던 무기류와 대외 항쟁사, 호국선열의 업적에 관한 자료들이 전시되어 있다.

6 · 25 전쟁실
전쟁의 원인과 배경, 주요 전투 상황, 적군과 아군의 무기, 피난민들의 생활상, 휴전까지의 전체적 모습이 상세하고 현실감 있게 전시되어 있다. 전쟁기념관에서 가장 비중이 크고 중요한 전시 공간이다.

해외파병실

우리나라 군대가 외국에 파병되었던 사례는 통일신라 · 고려 · 조선에서도 여러 차례 볼 수 있다. 우리 역사상 가장 규모가 컸던 파병은 1965년부터 연인원 31만여 명이 참전한 베트남 전쟁이었다. 이후 걸프전 · 쿠웨이트 · 소말리아 · 서부 사하라 · 그루지아 · 아프가니스탄 · 이라크 등에 파병했다.

국군발전실

대한민국의 군대 창설부터 육 · 해 · 공군 및 해병대의 발전 과정을 보여주는 전시실이다. 육군실에는 1948년 9월 15일 육군이 정식으로 창설되는 모습부터 미래의 모습까지 소개되어 있다. 정전협정 이후 북한이 자행한 대남 도발에 대처하는 군의 작전 형태와 북한의 핵개발에 대해서도 상세히 소개하고 있다.

대형 · 방산 장비 전시실

6 · 25 전쟁 당시 남과 북의 육군과 공군이 보유했던 장비들을 비교할 수 있도록 전시했다. 공수부대원들의 낙하 모습과 헬리콥터, 정찰기 등을 공중에 전시하고 있다. 전시장 복도를 따라 우리나라 방위산업 업체들이 생산하는 각종 무기와 장비의 실물과 모형이 전시되어 있다.

옥외전시장

제 2차 세계대전, 6 · 25 한국전쟁, 월남전 등에서 사용했던 차량 · 전차 · 장갑차 · 야포 · 함포 · 항공기 · 폭격기 · 잠수함 · 레이더 등 110여 점의 대형무기가 옥외에 전시되어 있다. 일부 전시물은 관람객들이 직접 안에 들어가 볼 수 있도록 하였다.

전쟁기념관, 특히 6 · 25 전쟁실에서는 눈에 보이는 것만 보아서는 안 된다. 전시품을 통하여 그때, 그 자리에서 죽어간 분들의 비명을 듣고, 흐르는 피를 보아야 한다.

21. 끝나지 않은 전쟁

우리가 갈 수 있는 휴전선 가장 가까운 곳까지 가 본다. 임진각 일대의 하늘은 더욱 낮고 공기는 더 무거운 것 같다. 이곳에서 보면 전쟁은 끝난 것 같기도 하고, 끝나지 않은 것 같기도 하다. 그러나 전쟁은 분명히 끝나지 않았다.

하루 코스 09:48 지하철 6호선 디지털 미디어 시티(DMC)역에서 경의선 문산행 탑승 ➜ 11:00 임진강행 환승 ➜ 임진강역 하차 ➜ 임진각 ➜ 망배단 ➜ 자유의 다리 ➜ 점심식사 ➜ 안보관광 셔틀버스 탑승 ➜ 도라산 전망대 ➜ 제 3땅굴 ➜ 도라산역 ➜ 평화누리 ➜ 17:00 또는 18:00 문산행 열차 탑승

〈망배단과 자유의 다리와 임진강과 임진철교〉

임진각은 월요일에 휴무다. 점심식사를 사먹고 셔틀버스를 타게 되므로 용돈을 넉넉히 가지고 가는 것이 좋겠다. 매년 100만 명 이상의 관광객이 이곳을 다녀간다고 한다.

임진각

　임진각은 1972년 경기도 파주시 임진강변에 세워진 통일 안보 홍보 건물이다. 군사분계선 남쪽 7km 지점에 경의선 임진강역 옆에 있다. 임진강역에서 임진각으로 가는 길에는 아웅산 순국 외교관 추념비, 미군 참전 기념비 등이 있다. 건너편에는 넓은 잔디밭 위에 솟대와 깃발이 시원하게 펼쳐진 평화누리가 있다.

　임진각 앞에는 1986년 9월에 조성된 망배단이 있다. 매년 명절 때가 되면 실향민들이 이곳에 와서 북쪽 고향을 향해 머리를 숙인다. 망배단 옆에는 1999년에 마련된 평화의 종이 걸려 있다. 그 옆에는 1953년 7월 휴전협정 이후에 한국군 포로 12,773명이 자유를 찾아 귀환한 다리라고 해서 '자유의 다리'라는 이름이 붙은 길이 83m의 다리가 하나 있다.

　이 일대는 전쟁의 재발을 막아보자는 국민의 의지와 조금이라도 더 북쪽 고향에 가까이 가고자 하는 실향민들의 좌절이 함께 하는 곳이다. 노년층 관광객들도 많다. 이들 중에는 겉으로는 즐거운 관광객처럼 보이지만, 속으로는 전쟁과 관련된 한을 품고 있는 사람도 많을 것이다.

　이곳은 경의선이 지나는 곳이다. 경의선은 남북한을 잇는 중요한 철도로 최근 그 의미가 더욱 부각되고 있다. 경의선은 1906년 4월 용산~신의주간 철도가 개통되었고, 1908년 4월 1일부터는 부산~신의주간 직통 급행열차인 융희호가 운행되기 시작했다. 서울~신의주 간 총 길이는 518.5km이다. 1945년에는 서울~개성 간 74.8km 구간으로 단축 운행되다가, 1951년 6월 12일에 운행이 중단되었다. 2000년 6월 남북정상회담이 평양에서 열린 후 경의선 복원사업이 구체적으로 논의되어 2003년 6월 14일 연결식이 군사분계선에서 열렸다.

　경의선의 남북 간 완전 연결은 민족 소망의 하나로, 이 철도가 재개통 된다면 심리적·경제적 효과는 대단히 클 것으로 예상된다. 남북 당국자들도 이 점은 잘 알고 있다. 빨리 양측의 합의가 이루어져 기차가 달리게 될 날만 기다린다. 경의선의 남쪽 최북단역은 도라산역이다.

임진각 아래 주차장 입구에서는 도라산 전망대 – 제 3땅굴 – 도라산역을 잇는 셔틀 안보 관광버스를 운영한다. 2~3시간 정도 소요되는 이 코스를 다녀오면 한반도의 군사적 대치 상황과 개성을 통한 경제적 교류 현황을 대략적으로 알 수 있다.

DMZ

DMZ란 Demilitarized Zone의 약자로 군사적 비무장지대를 말한다. 1953년 7월 한국전쟁 정전협정에 의해 서쪽 끝 임진강 하구에서 동쪽 끝 강원도 고성에 이르는 총길이 248km(155mile)의 군사분계선(휴전선)이 설정되었다. 군사분계선 남북 양쪽으로 각 2km씩 남방한계선과 북방한계선을 두어 폭 4km의 비무장지대라는 완충지대를 두게 된 것이다. 이곳에는 군대의 주둔이나 무기 배치가 금지된다.

DMZ를 명확히 하기 위하여 군사분계선 표지판 제 0001호를 임진강변에 세우고, 200m씩 간격을 두고 마지막 제 1,292호 표지판을 동해안 동호리에 세우도록 했다. DMZ의 총 면적은 907㎢로 한반도 22만㎢의 0.41%에 달한다. DMZ는 특정한 지역에 대해 비무장화를 선언한 국제법상의 조치에 따라 시행되며, 감시기구 역시 국제법에 기초하여 창설되어야 한다. 남측의 DMZ는 유엔군정전위원회에서 관리한다.

DMZ 안에서 남북간에 소통이 가능한 장소로 판문점이 있다. 판문점은 1953년 10월 군사정전위원회 본부 구역 군사분계선상에 설치된 동서 800m, 남북 400m 사각형의 공동경비구역(JSA)이다. 판문점에서는 1971년 남북적십자회담 예비접촉을 시작으로 남북 사이에 각종 회담이 열리고 있다. 남북간의 교통로 역할도 한다. 서울에서 북북서 방향으로 약 60㎞ 떨어져 있다.

대한민국은 DMZ 후방에 별도의 민간인 통제선을 설정해 놓고 있다. 이 통제선은 1954년 2월 미 제 8군단 사령관에 의해 설정되었다. 휴전선 남쪽 5~20km 구간으로 총 면적은 1,528k㎡이다. 민간인 통제선 내에서는 민간인의 거주나 활동이 통제되고 있다.

한반도의 DMZ는 세계에서 유일한 분단의 대치 현장으로 항상 일촉즉발의 긴장감이 흐르는 군사적 위험 지역이다. 지구상에서 지뢰가 가장 밀집 매설되어 있는 곳 중의 하나다.

이 지역은 지난 50여 년 동안 엄격한 출입금지가 실시되어 사람의 손길이 닿지 않아 생태계가 거의 자연 상태를 유지하고 있다. 이 또한 세계적으로 보기 드문 예다. 한반도의 비무장지대는 앞으로는 분단과 고통의 장소가 아니라 화합과 생명의 무대로 바뀔 것으로 기대되고 있다.

북한은 비무장지대의 지하를 뚫어 비밀 이동통로를 만들었다. 이른바 땅굴이다. 북한의 땅굴은 20여 개로 추정되고 있으며, 현재까지 발견된 땅굴은 모두 4개다. 제 1땅굴은 1974년 11월 경기도 연천 고랑포 북동쪽 8km 지점 군사분계선 남방 약 1,200m 지점에서 발견되었다. 너비 90cm, 높이 1.2m, 깊이 지하 45m, 길이 약 3.5km에 달하는 콘크리트 구조물이다. 제 2땅굴은 1975년 3월 강원도 철원 북쪽 13km 지점 군사분계선 남방 900m 지점에서 발견되었고, 제 3땅굴은 1978년 10월 판문점 남쪽 4km 지점 군사분계선 남방 435m 지점, 제 4땅굴은 1990년 3월 강원도 양구 북동쪽 26km 지점 군사분계선 남방 1,502m 지점에서 발견되었다.

이 땅굴을 통해 몇 시간 안에 적의 정예부대 수천수만의 병력이 휴전선 남방 우리 쪽 비무장지대에 침투할 수 있다. 그들이 우리의 전방을 기습하고 후방을 교란한다면, 우리는 또 다시 임진왜란이나 6 · 25 때처럼 전쟁 초반에 무너질 수도 있다.

북한은 수십 개의 땅굴까지 파가며 남한을 노리고 있다. 그 공사를 위해 애쓴 북한 군인들과 인민들의 노고를 어떻게 보아야 할지 모르겠다. 땅굴 공사가 진행되는 동안 남한과 북한의 정치 지도자들은 각기 무슨 생각을 하고 있었으며, 무엇을 하고 있었는지 궁금하다.

여덟. 종교와 신앙

우리나라에는 다양한 종교들이 교세를 크게 펼치고 있다. 불교·유교·천주교·개신교 등이 대표적인 종교다. 종교 간에 큰 마찰도 없이 참으로 폭넓은 종교 수용이고, 여유 있는 종교관이다.

종교가 우리의 역사와 문화에 끼친 영향 또한 지대하다. 왕조의 변천에 아랑곳 하지 않고 이 나라 사람들의 정신과 영혼을 이끌어 옴으로 어느 시대를 막론하고 사람 사는 곳마다 종교 신앙의 흔적을 남겨 놓았다.

삼국시대 이후 우리의 주 종교는 불교였다. 그러나 고려를 멸망시키고 건국한 조선은 고려의 종교를 그대로 이어받을 수 없어 유교의 나라로 바뀌었다. 그러나 왕가나 민간에서 불교는 여전히 전통 종교였다. 조선 후기부터는 천주교와 개신교의 유입으로 종교는 더욱 다양하고 풍요로워졌다.

우리나라는 종교의 자유가 완전히 보장되어 있다. 종교가 있는 사람은 자기 종교를 열심히 믿으면 되고, 종교를 가지고 있지 않은 사람은 자기 인생 자기가 책임진다는 신념만 있으면 된다.

22. 불교와 민간신앙

　조계사 대웅전의 웅장함과 화려함에 경탄을 금할 수가 없고, 불자들의 진지함에서 부처님의 공덕이 크심을 실감할 수 있다. 인왕사의 비탈진 골목을 이리저리 누빈 다음, 국사당과 선바위를 지나 더 위쪽에 오르다 보면 시간을 초월한 것 같은 기분이 든다.

오후 코스 1:00 지하철 1호선 종각역 2번 출구 ➜ 안국동 쪽으로 300m ➜ 조계사 ➜ 지하철 3호선 안국역 독립문 방향 승차 ➜ 독립문역 2번 출구 ➜ 인왕사 일주문 ➜ 인왕사 ➜ 국사당 ➜ 선바위 ➜ 선바위 위쪽 바위들

　조계사나 인왕사 모두 입장제한이나 시간제한이 있는 곳이 아니다. 가는 곳마다 그곳의 전통과 관례를 존중해야 한다.

조계사

조계사曹溪寺는 서울 종로구에 있는 대한불교 조계종 직할 교구의 본사이자 총본산으로 중앙총무원·중앙종회 등이 있는 한국 불교계의 중심 사찰이다.

조계사는 각황사에서 유래한 사찰이다. 각황사는 1910년에 서울 종로구 전 중동고등학교 자리에 세워진 절로서, 전에 원흥사에 있던 조선불교중앙회사무소를 옮겨와 한국 근대 불교의 새 불교 운동을 이끌어 간 사찰이다.

당시 총독부는 '조선 사찰령'을 선포하여 우리나라의 모든 사찰을 일본 사원인 장충동의 박문사博文寺에 귀속시키려 했다. 이를 저지하기 위하여 31본산 주지회의를 열어 '조선 불교의 개혁안'을 통하여 조선 불교의 통일 기반인 총본산 제도를 주창했다.

1929년 전국에서 모인 104명의 승려가 각황사에서 '조선불교선교양종승려대회'를 열어 종회법을 제정했다. 1937년에는 각황사를 현재의 조계사로 옮기는 공사를 시작하여, 이듬해 삼각산에 있던 태고사를 이전하는 형식을 취해 절 이름을 태고사로 했다. 1941년에 조선의 사찰 및 승려를 통합하는 조선불교 조계종 총본사 태고사법의 인가를 받아 조선불교 조계종이 발족되었고 초대 종정이 취임했다.

광복 후인 1945년 9월, 이곳에서 전국 승려대회를 개최하여 일제 강점기 때 만들어진 '조선 사찰령 및 태고사법' 폐지를 결의하고 새로이 조선불교 교헌敎憲을 제정했다.

1954년 11월에는 선학원을 중심으로 〈사찰정화담화문〉이 발표되고 '왜색화된 불교를 척결하고 비구 스님 중심의 전통 회복'이라는 목표로 불교 정화운동이 펼쳐졌다. 이후 비구와 대처 세력이 조계사, 태고사라고 이름을 번갈아 부르다가 1955년에 최종적으로 비구 스님 중심의 조계종이 성립되면서 태고사를 조계사로 고쳐 부르게 되었다. 이후 조계사는 대한불교 조계종의 중심 사찰로서의 역할을 수행하고 있다.

조계사 대웅전은 석가모니불을 봉안한 조계사의 중심 건물이다. 본래는 1922년에 세워진 전라북도 정읍의 신흥종교였던 보천교의 법당인 십일전이었으나 1938년 10월에 옮겨지어 준공 봉불식을 거행했다. 대웅전은 높은 기단 위에 세워진 내부가 512㎡나 되는 웅장한 건물이다. 조선 후기의 건축 양식을 받아들여 대형화한 것이 특징이다. 정면 7칸 측면 4칸의 단층 팔작지붕으로 다포식 공포와 겹처마가 화려하다.

대웅전 불단에는 도갑사에서 옮겨온 석가여래좌상이 봉안되어 있다. 불단 뒷벽에는 1938년 대웅전을 중건할 때 그려진 후불탱화가 있다. 건물의 전면은 각 칸마다 문살로 장식된 문이 두짝씩 달려 있다. 대웅전은 불교 행사의 중심 장소로서 각종 법회와 강좌, 제사 등 다양한 의식들이 거행되고 있다.

조계사는 2010년에 창건 100주년을 맞이하게 된다. 조계사는 수행과 중생 교화의 근본 본분을 이루는 전법 도생의 근본 도량이 될 것이다. 스님들은 용맹 정진의 수행으로 중생의 참된 의지처가 되고, 신도들은 스님들을 복전으로 받들고 존중하는 포교 중심 도량으로 한국 불교의 미래를 밝히는 도량이 될 것이다.

〈조계사 대웅전〉

국사당

국사당國師堂은 원래 남산 정상에 있던 목멱신사로 무학대사가 세 웠던 것이다. 1925년 일제가 남산에 조선신궁을 지으면서 이전을 강요하여 인왕산 서쪽 기슭 선바위 아래 지금의 위치에 옮겨졌다. 국사당의 이전 장소로 인왕산을 택한 이유는 풍수지리상 명당이고 태조와 무학대사가 기도하던 자리였기 때문이다.

인왕사 일주문을 들어서면 안쪽 높은 곳에 국사당이 자리잡고 있 다. 인왕사는 특정한 하나의 절이 아니고 일주문 위 일대 전체를 말 한다. 많은 사찰과 암자가 소속되어 있다.

국사당은 영·정조 때의 건축 기법을 바탕으로 원래의 형태를 그 대로 복원한 것이다. 정면 3칸 측면 2칸이고 맞배지붕이다. 1칸은 4쪽의 여닫이문으로 되어 있고, 양끝의 2칸은 새로 지은 것이다. 내부의 3면에는 무신도巫神圖가 걸려 있고, 마루는 제상을 차리고 굿을 하는 공간이다. 일반 건물보다 구조가 간단하다.

국사당 무신도는 〈나옹·삼불제석·무학대사·아태조·강씨부 인·호구아씨·최영장군·별상·산신·단군·신장·곽곽선생· 창부씨·민중전·용궁·칠성〉 등 28점이며 모두 민속자료로 지정 되어 있다. 12점은 조선 인조 때 것이고, 16점은 고종 때 것으로 추 정되고 있다. 모두 비단 바탕에 채색한 것이다. 벽에 걸린 신상 위 에는 더러 명두明斗가 걸려 있는데, 이는 둥근 모양의 놋쇠 제품으 로 고대의 청동거울을 연상케 하는 무녀의 징표다.

지금 국사당은 무속신을 모시고 무당들이 굿을 하는 당집이다. 세 월이 흐르고 나라가 바뀌어도 사람들은 이곳을 찾아 굿을 한다. 굿 하는 국사당 무녀들의 목소리는 은은하나 강렬하고, 손놀림과 발걸 음은 가벼우나 절도가 있다. 막걸리 냄새가 배어 있고 모이 찾는 비 둘기들이 떼지어 나는 이곳은 속세와 신비를 넘나드는 곳이다.

선바위

선禪바위는 국사당 바로 위에 있다. 사람 모양의 두 바위가 바싹 붙어 있다. 선바위는 태조와 무학대사, 또는 태조와 왕후라고 한다. 그러나 바위의 모양을 보면 태조와 신덕왕후 강씨라고 하는 것이 옳을 것이다. 왼쪽에 있는 바위는 남자고, 오른쪽에 있는 바위는 분명 여자이기 때문이다.

선바위를 바라보며 이야기를 하나 꾸며 본다. 태조가 조선 건국 후 서울에 성곽을 쌓을 때 선바위를 성안으로 넣느냐 안 넣느냐를 놓고 무학대사와 정도전이 대립했다. 정도전이 승리하여 선바위는 성 밖으로 밀려났다. 화가 난 태조 바위가 인왕산을 바라보며 고함을 친다. '이놈들아, 왜 나를 성 밖으로 쫓아내느냐.' 옆에 있는 신덕왕후 바위가 한탄을 한다. '아이고, 내가 성 밖으로 쫓겨나니 내 아들들이 걱정되는구나.' 결국 왕자의 난이 일어나 신덕왕후의 두 아들과 선바위를 성 밖으로 밀어낸 세력들은 비참한 최후를 맞고 태조는 고향으로 가버린다. 후에 신덕왕후의 능은 성안에서 성 밖으로 옮겨진다.

오늘도 선바위에는 기도하는 사람들이 찾아오고, 저녁이 되면 각지에서 온 만신들이 선바위 위쪽에서 징을 치며 신령님을 부른다.

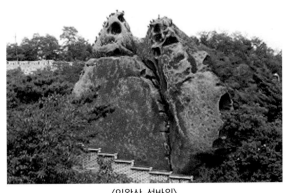

〈인왕산 선바위〉

23. 천주교와 개신교

천주교와 개신교는 본래 한 뿌리의 기독교였으나 지금은 전혀 다른
종교가 되었다. 구교와 신교라고도 하는 천주교와 개신교의 중요한
교당과 성지를 찾아본다. 신앙과 전도에 대해 생각해 보고, 특히 순
교에 대해 고민을 좀 해 보아야 할 것 같다.

> **하루 코스** 10:00 지하철 4호선 명동역 8번 출구 → 명동성당 →
> 명동로 → 소공로 → 덕수궁 대한문 옆길 → 정동제일교회 → 미대
> 사관저 앞길 → 구세군 본영 → 덕수초등학교 → 새문안교회 → 점
> 심식사 → 지하철 2호선 시청앞역에서 합정 방향 승차 → 합정역 7
> 번 출구 → 양화진 외국인선교사 묘원 → 절두산 성당 → 절두산
> 순교 기념관

종교 시설과 묘지, 성지를 방문하게 되므로 복장을 검소하게 입
고 가는 것이 좋다. 마음가짐도 차분하고 경건하게 가져야 한다.

명동대성당

　명동대성당은 서울 중구 명동에 있는 장엄하고 고풍스러운 건물로 천주교 서울대교구 주교좌 성당이다. 우리나라 최초의 본당이며 한국 천주교회의 중심이고 상징이다. 조선시대에는 명례방에 속해 있었고, 명례방은 1784년에 최초로 신앙 공동체가 성립된 곳이다.

　한국 천주교회의 출발은 1784년 봄, 이승훈이 북경에서 영세한 뒤 귀국한 때를 시작으로 보고 있다. 그러나 그보다 4년 앞선 1780년 1월 천진암에서 권철신을 중심으로 하는 강학회가 열렸고, 여기에서 당시의 저명한 소장학자들이 천주학을 접했던 때를 시작으로 보는 견해도 있다.

　초기의 천주교는 1801년 신유박해, 1839년 기해박해, 1846년 병오박해로 최초의 신부 김대건이 순교했고, 1866년 병인년에 시작되어 대원군이 실각하는 1873년까지 계속된 병인박해 등의 참담한 고난을 겪었다. 그러나 1873년 이후 점진적으로 신앙의 자유가 이루어지기 시작했다.

　천주교 조선 교구는 1883년 종현에 있는 대지를 매입하여 1889년에 목조 2층 고아원 건물, 1890년에 주교관을 건립했다. 1892년 8월 명동성당의 정초식을 거행하고, 1898년 5월 29일에 축성식을 거행했다. 축성식과 함께 한국 교회의 주보인 무염시태無染始胎의 마리아께 성당을 봉헌했다. 이때의 이름은 종현성당이었다. 1900년에는 용산 신학교로부터 병인박해 때 순교한 사람들의 유해를 받아와 성당 지하에 모셨다.

　명동성당의 설계자는 코스트(한국명 고의선) 신부였고, 공사는 주로 중국인들이 맡았다. 이 성당 건립 과정에 무보수로 공사에 참여하거나 헌금한 조선인 신도 1천여 명과 조선에서 사역한 선교사 명단을 머릿돌과 함께 묻었다.

　명동성당은 길이 68m, 폭 29m, 높이 23m, 건평 1,498㎡로 십자가를 제외한 종탑 높이 46m다. 성당은 진입로보다 약 13m 높아 주위에서 잘 보이며 위엄과 경건함을 보여주고 있다. 벽체와 기둥은 벽돌 조적조이며, 지붕 트러스, 종탑의 종축 지지, 뾰족탑 등은 목조 구조다. 고딕건축 성당의 규범에 충실히 따라 건축되었다.

1925년에 처음으로 한국인 사제를 보좌신부로 맞아들였고, 1927년 10월 백동(지금의 혜화동) 본당을 분리시켰다. 1942년 한국인이 처음 주임신부로 취임했고, 그 해 12월 20일에는 최초의 한국인 주교 노기남의 취임식이 거행되었다. 1945년 광복을 맞아 종현대성당에서 명동대성당으로 이름이 바뀌었다.

해방 이후에 명동성당은 미군측과 긴밀한 관계를 유지하는 모임의 장소였고, 가톨릭 사회복지 활동의 중심지였다. 6·25 한국전쟁 직후에는 집을 잃고 방황하는 사람들을 위한 구제 활동의 구심점이었다. 전후의 퇴폐적 분위기에서 상처받은 사람들에게 위로와 평화를 준 곳도 명동성당이었다.

명동대성당은 한국 천주교의 중심일 뿐만 아니라, 비신도들에게도 기구와 소망의 전당이었다. 개인이나 사회도 어려운 일이 있을 때에는 명동성당에 가서 도움을 갈구했다. 1969년 4월에는 김수환이 최초로 추기경에 서임되었고, 1970~80년대에는 민주화 운동의 중심지가 되어 한국 정치와 사회 발전에 크게 기여했다.

〈명동대성당〉

정동제일교회

  정동제일교회는 서울 중구 정동에 있는 한국 최초의 개신교 교회
인 동시에 최초의 감리교 교회다. 덕수궁 뒤 정동 로터리에 있다.

  1885년 4월 5일, 27세의 아펜젤러 목사가 한국 최초의 개신교
선교사로 인천에 상륙했다. 그가 탄 배에는 언더우드 목사도 함께
타고 있었다. 이때를 한국 개신교의 도입 시기로 보고 있다. 아펜
젤러는 그 해 10월 12일 정동에 있는 자신의 사택에서 한국인들과
처음 예배를 드림으로 정동제일교회가 창립되었다.

  1897년에는 한국 최초의 서양식 건물인 벧엘예배당이 건립되었
고, 1918년 최초의 파이프 오르간이 교회에 봉헌되는 한편, 정동
성가대 등을 통해 이 땅에 새로운 문화와 문명을 소개했다.

  1919년 3 · 1 독립운동 당시 이필주 담임목사는 민족대표 33인
중 한 사람이었고, 박동완 전도사를 비롯한 교인들이 3 · 1 독립운
동에 참여하여 많은 교인들이 일제에 구속되는 아픔을 겪었다.

  정동교회는 기독교대한감리회의 모교회다. 정동교회의 지난 선
교 1세기가 복음을 수용하고 교회가 성장하는 시기였다면, 선교 2
세기는 하나님의 선교에 동참하여 베풀고 나눔으로 선교의 미래를
열어가는 시기다. 알마티 · 세네갈 등의 해외 선교와 국내의 30여
교회를 지원하고 있으며, 다양한 선교 사업을 벌이고 있다.

〈정동제일교회 벧엘예배당〉

새문안교회

새문안교회는 서울 종로구 신문로에 있는 한국 최초의 장로교 교회다. 지난 120여 년 동안 한국의 모체 교회로서 뿌리 깊은 신앙과 강렬한 선교 정신, 교회 연합의 선구적 역할, 민족 역사 발전에 책임지는 교회로서 부흥해 왔다.

오랜 역사를 가진 교회인 만큼 흔들리지 않는 뿌리 깊은 나무, 조화와 포용력을 지닌 어머니의 마음, 맑고 시원하게 흐르는 물과 같은 역할을 해왔다고 할 수 있다. 앞서 세워진 교회로서 민족과 한국교회 전체를 위해 복음의 햇불을 높이 들고 앞서 나가는 교회가 될 것이다.

1885년 4월 한국에 입국한 언더우드 목사는 1887년 9월 27일에 서상륜 등 한국인 14인과 함께 새문안교회를 창립했다. 1891년 9월에는 주일학교를 시작했고, 당시 교인은 100명 학생 43명 정도였다. 1898년에는 제직회·청년회를 조직했고 당시 교인은 531명 학생 215명이었다. 1907년에 정동의 언더우드 목사 사저에서 현 위치인 신문로로 교회를 이전했다.

일제 말기인 1938년~1944년 사이에는 탄압이 심하여 선교 활동이 침체되었다. 해방 이후 다시 교세를 확장하면서, 각종 봉사 활동과 학술 강좌 등을 전개했다. 1970년대 이후에는 현 교회당을 신축하고 해외 선교를 시행하는 한편, 〈새문안교회 100년사〉 발간 등 많은 사업을 적극적으로 추진하고 있다.

새문안교회는 책임 있는 교회로서 선교 비전을 가지고 있다. 첫째는 초대교회를 닮는 것이고, 둘째는 한국교회를 새롭게 하는 것이고, 셋째는 나라와 세계를 향하여 책임지는 것이다. 그리하여 그 누구의 교회가 아니라 하나님의 교회가 되고, 그 누구의 이름이 아니라 오직 예수 그리스도의 이름만 남는 교회가 되며, 그 누구의 뜻에 따라 움직이는 교회가 아니라 오직 성령께서 다스리시는 교회가 되기를 원하고 있다.

양화진외국인선교사묘원

양화진楊花津은 서울 마포구 합정동 한강변, 양화대교 북단에 있던 나루터였다. 동작진·노량진·한강진·송파진과 함께 서울 오진五津의 하나로 인천과 전국을 연결하는 서울 수상 통로의 첫 번째 관문 역할을 하는 중요한 나루터였다.

양화진 일대는 버드나무가 무성하고 경치가 뛰어나 양화답설楊花踏雪이라고 일컬어지던 곳으로 조선시대에 중국 사신이 오면 이곳에서 뱃놀이를 즐겼고, 강변에 사대부들의 별장이나 정자도 많이 세워졌던 곳이다. 외국 선교사들도 이곳에 여름 별장을 짓고 성서를 번역하고 봉사자들을 만나는 등 복음의 장소로 활용하였다.

1890년 7월에 의료선교사 헤론(John W. Heron, 1850~1890)이 처음 이곳에 묻히면서 외국인 묘지가 형성되기 시작했다. 1897년에 1차 묘역 확장이 있었고, 1905년에 2차 확장 및 도로 보수가 있었다. 1913년 일제의 토지조사사업 실시 후 토지대장에 '경성 구미인 묘지회'로 등기되었고 등기 당사자는 경성부 독일 총영사관이었다. 1942년 태평양 전쟁이 일어나자 모든 외국인 선교사가 강제 출국되었고, 그 후에는 법적 명의자가 없는 상태가 되고 말았다.

해방 후에 다시 '경성 구미인 묘지회' 명의로 소유권이 이전되었으나, 1961년 '외국인 토지법'이 제정되어 대한민국 내 외국인 부동산 소유등기가 무효화 되었다. 이후, 1979년 양화대교 진입로 및 지하철 2호선 공사로 이곳이 부각될 때까지 양화진 외국인 묘지는 쓰레기만 쌓인 버려진 땅이 되고 말았다. 1985년 6월, 한국기독교 100주년 기념사업협의회가 묘지 소유권자로 등기가 되었다. 100주년 기념사업 협의회는 쓰레기와 잡초만 무성한 이곳에서 트럭 150대 분의 쓰레기를 수거하고 쓰러진 비석을 세우고 무덤을 정리했다.

2001년 5월부터 마포구청은 서울시의 지원을 받아 양화진 성지 공원화 사업을 추진하여 2005년 5월에 서울외국인선교사묘지공원 조성을 완료했다. 2006년 5월 100주년 기념교회는 묘역의 공식 명칭을 '양화진외국인선교사묘원'으로 확정했다.

본래는 경건한 곳이었으나 쓰레기더미가 되기도 했다가 소유권 문제로 분쟁까지 있었으나 이제는 겉모습과 내부 문제 모두 안정된 것으로 보인다. 이곳은 마땅히 믿음과 봉사의 정신이 충만한 곳이 되어야 할 것이다.

2004년 8월 현재 확인된 묘지 수는 모두 555기이고, 직업별로는 선교사 167명(가족 포함), 직업인 117명, 기타 130명, 미상 141명이다. 국적별로는 미국 279명, 영국 31명, 캐나다 19명, 한국 19명, 러시아 18명, 프랑스 7명, 필리핀 5명, 독일 · 스웨덴 각 4명, 이탈리아 · 덴마크 · 일본 각 2명, 남아공 · 호주 · 폴란드 · 뉴질랜드 각 1명, 국적불명 18명, 미상 141명이다. 이곳에 묻힌 외국인들 중에는 진정 조선을 위해 헌신한 사람들도 많다. 그들 중 몇 사람을 살펴보기로 한다.

한국의 은인, 한국 사람보다 더 한국을 사랑한 외국인으로 알려진 헐버트(Homer B. Hulbert, 1863. 1. 26~1949. 8. 5)가 양화진에 묻혀 있다. 헐버트는 미국 버몬트에서 목사의 둘째 아들로 태어나 유니온 신학교에 재학 중 1886년 7월에 육영공원 영어교사로 내한했다. 5년 동안 교사 생활을 한 후 학교가 문을 닫자 귀국했던 헐버트는 1893년 9월 감리교 선교사로 다시 한국에 왔다. 배재학당 안의 삼문출판사를 중심으로 주로 문서 선교에 관여하며 다양한 주제로 한국에 관한 글들을 발표했다. 1903년에 창설된 한국 YMCA의 초대 회장을 맡기도 했다.

헐버트는 고종을 도와 정치적 · 외교적으로 많은 조언과 실천을 통해 한국의 자주독립을 위해 애를 썼다. 고종은 1907년 헤이그 만국평화회의에 이준 등 세 사람의 밀사와 함께 그를 파견했다. 헐버트는 헤이그에서 유럽 언론과의 인터뷰 등을 통해 한국 독립의 정당성을 호소했으나 일본의 방해로 결국 실패하고, 이준은 스스로 목숨을 끊어 순국했다. 일제의 압박으로 1909년 미국으로 돌아갈 수밖에 없었던 헐버트는 미국에서 순회 강연과 신문 기고 등을 통해 한국의 독립을 주장하고 루즈벨트의 대한 정책을 비판하며 한국을 돕는 일을 계속했다. 광복 후 86세의 노구로 한국 정부의 초청으로 내한했지만 1949년 8월 5일 세상을 떠났다. '웨스트민스터 사원보다 한국에 묻히고 싶다.'는 헐버트의 유언에 따라, 그의 유해는 한 살 때 죽은 아들과 함께 양화진에 안장되었다.

영국 언론인 베델(Ernest T. Bethell, 1872. 11. 3~1909. 5. 1)은 〈대한매일신보〉와 〈코리아 데일리 뉴스〉를 창간하고 이를 통해 한국을 식민지로 삼으려는 일본의 제국주의 정책을 신랄하게 비판했다. 베델은 양기택·신채호·박은식 등을 주간으로 영입하여 일제의 만행을 고발하고 한민족의 애국심을 고양하는 글들을 실었다. 일제는 그를 제거하기 위해서 온갖 방법을 다 동원했고, 결국 베델은 재판에 회부되어 영국 영사관 고등법원에서 6개월 근신형과 3주간의 금고형에 처해졌다. 상하이에서 3주간 금고형을 살고 다시 서울로 돌아왔으나 37세의 나이로 타계했다.

언더우드(Horace G. Underwood, 1859. 7. 19~1916. 10. 12)는 한국 선교의 개척자라고 할 수 있는 선교사다. 그는 26세에 한국에 왔다. 당시 기독교 전파가 불법인 상황에서도 언더우드는 적극적인 선교 활동을 펼쳤다. 언더우드의 영향으로 에비슨·무어·레이놀즈·테이트·리 등 선교사들이 한국에 왔다. 언더우드는 초대 성경번역위원장을 맡아 종신토록 일했으며, 영한사전·한영사전·한국어문법서들을 만들어 직접 출판하기도 했다. 언더우드는 최초의 장로교회인 새문안교회의 설립자며. 조선기독교대학(후에 연희전문학교, 세브란스 병원과 합쳐 지금의 연세대학교)을 설립하여 초대 학장을 맡았다.

언더우드 2세는 아버지의 뒤를 이어 연희학교의 3대 교장으로 재직했고 한국전쟁 중에는 미군 민간고문으로 활동했다. 언더우드 3세도 연세대학교의 교수와 이사로 봉직했다. 양화진 언더우드가의 가족 묘역에는 4대에 걸쳐 모두 7명이 묻혀 있다.

아펜젤러(Henry G. Appenzeller, 1858. 2. 6~1902. 6. 11)는 복음을 전하고 교육사업을 위해 한국에 온, 한국 감리교의 초석을 놓은 선교사다. 한국 최초의 개신교회인 정동제일교회를 창립했고, 그가 세운 학교는 고종으로부터 배재학당이라는 학교명을 하사 받았다.

아펜젤러는 출판 분야에서도 큰 공헌을 하여, 배재학당 안에 삼문 출판사라는 인쇄소를 만들어 기독교 소책자들과 〈독립신문〉 등의 신문을 인쇄했다. 1902년 목포에서 열리는 성경번역위원회에 참석하러 가던 중 배가 침몰하여 순직했다. 나이 44세였다. 27세에 한국에 들어와 17년 동안 선교사로 일한 것이다.

아펜젤러의 자녀들도 아버지의 뒤를 이어 한국에서 교육 선교사로 일했다. 아들 아펜젤러 2세는 일제의 탄압 속에서도 배재학당의 교장과 이사장으로 일했으며, 딸 엘리스 레베카 아펜젤러도 이화학당장을 맡아 1925년 이화여자전문학교로 승격시키고 초대 교장이 되었다.

에비슨(Oliver R. Avison, 1860. 6. 30~1956. 8. 29)은 세브란스 병원과 의학교를 설립하고 성장시켜 근대 의학의 발전에 크게 공헌한 선교사다. 에비슨은 토론토 의대를 졸업했다. 이미 선교사로 헌신하기로 결심한 에비슨 부부는 자신들의 사역지가 조선임을 확신했다. 1893년에 한국에 온 에비슨은 처음에는 제중원의 책임을 맡아 환자들을 진료했다. 에비슨은 안식년 기간 중 세브란스라는 철강회사 사장을 만났다. 어딘가에 병원을 세우고 싶다는 뜻을 가지고 있던 세브란스는 에비슨에게 1만 달러를 기부했다. 1904년 남대문 밖 복숭아골에 병원이 세워졌고, 세브란스가의 계속된 기부로 병원은 확장되었다. 이것이 지금 신촌에 있는 세브란스 병원의 모체다. 에비슨은 언더우드의 뒤를 이어 조선기독교대학의 교장으로 1916년부터 18년간 재직했다. 33세 때 한국에 들어온 에비슨은 42년 동안 한국에서 선교사로 일하다가 1935년에 은퇴하여 귀국했으며, 1956년 플로리다에서 96세의 나이로 소천했다.

1893년 부산에서 태어난 아들 더글라스는 캐나다 토론토 대학 의학부를 졸업하고, 1920년 북장로교 의료 선교사로 내한했다. 선천 선교부, 서울 선교부, 세브란스 의전 소아과 교수 및 병원장으로 봉직하다가 2차 대전 직전에 캐나다로 귀국하여 1951년 캐나다에서 소천했다. 양화진에는 더글라스와 부인 캐서린이 함께 안장되었다.

절두산 순교성지

절두산切頭山은 양화진에 있는 잠두봉을 말한다. 잠두봉 또는 덜머리加乙頭라는 이름은 산봉우리가 누에의 머리를 닮았다고 하여 생긴 이름이다. 절두산이라는 이름은 병인박해 때 수많은 천주교 신자들이 이곳에서 머리가 잘려 처형된 데서 붙여진 이름이다.

1866년 병인년, 연초부터 대원군의 프랑스 신부들에 대한 신뢰 문제로부터 비롯된 천주교에 대한 박해가 시작되었다. 당시 조선에 있던 프랑스 신부 12명 중 9명과 8천여 명의 신자가 순교했고, 박해를 피해 다니다가 죽은 신자와 가족들도 수 없이 많았다고 전해지고 있다. 중국으로 탈출한 프랑스 신부가 텐진에 주둔하고 있는 프랑스 제독에게 이 사실을 신고함으로 프랑스 함대 2척이 한강으로 올라왔다. 병인양요가 일어난 것이다.

대원군은 프랑스 군함이 양화진까지 올라온 것을 치욕으로 여기고 '오랑캐가 머물러 있던 자리를 한강물로 씻기에는 물이 너무 아깝다. 차라리 오랑캐를 끌어들인 천주교도의 피로 씻으리라.' 하면서 양화진에서 천주교도들을 처형하기 시작했다. 1873년 대원군이 물러나고 고종의 친정이 시작되면서 천주교에 대한 박해는 약화되었지만 처형은 1879년까지 계속되었다.

1876년에 강화도조약이 체결되어 조선은 개국했다. 1882년 4월에 미국·영국·독일과 통상조약을 체결했고, 그 해 6월에는 임오군란이 일어났고, 7월에는 제물포조약이 체결되었다. 이렇게 급박하게 돌아가는 국내외 정세 속에서 양화진 일대는 외국인이 거주와 통상을 할 수 있는 개시장開市場으로 변화되었다.

병인양요 100주년이 되는 1966년에 천주교에서는 잠두봉을 중심으로 성당과 절두산순교기념관을 착공하여 이듬해에 완공했다. 성당 건물은 독특하면서도 수려한 외관으로 한강변에서 눈에 잘 뜨이며 절두산의 상징이 되었다.

성당 서쪽 아래에는 절두산 순교 기념비가 있다. 성당 입구에는 순교자를 위한 기념비가 있고, 성당 앞 넓은 정원에는 중앙에 김대건 신부의 동상이 있다. 정원 주변으로는 성모동굴 · 오성바위 · 십자가의 길 등이 있다. 김대건 신부 동상 뒤편으로는 역사적 의미가 깊은 비석들이 모아져 있다.

성당 옆에는 절두산순교기념관이 있다. 제 1전시실에는 한국교회의 창립 과정을 담은 자료와 1866~1879년 사이에 순교한 신자의 명단과 역력을 담은 〈치명일기〉 등 천주교 박해 관련 사료 및 유물이 전시되어 있다. 제 2전시실은 전례관으로, 주교들의 유품과 제 2차 바티칸공의회 이전에 사용하던 제대 · 전례서 · 제구 · 전례복 · 십자가 등이 주제별로 나뉘어 전시되어 있다.

1984년 5월에 교황 요한 바오로 Ⅱ세가 한국 천주교회 200년을 기념하여 한국을 방문했다. 방문 첫날 절두산 성지를 순례하여 한국 순교 선열들의 높은 뜻을 기렸다. 1985년에는 마더 데레사 수녀가 이곳을 방문했다.

〈절두산 성당〉

아홉. 탐방 마무리

　지금까지 서울과 근교에 있는 역사와 문화 유적들을 돌아보았다. 유적들은 대부분 조선 이후의 것이었다. 서울이 조선의 수도였으므로 당연한 일이다. 그러나 우리에게는 우리나라 전체의 역사와 문화를 배우고 이해하는 것도 중요하다. 마무리로 한반도 전체와 그 주변의 역사와 문화에 대해 알아보기로 한다.

　이럴 때에는 역시 박물관이 최고다. 박물관 중에서는 국립중앙박물관이 으뜸이다. 이곳에서 선조들의 삶과 문화를 자세히 들여다보면서 나는 무엇을 보고, 어떻게 느껴야 하는가를 생각해 보는 시간을 갖도록 한다.

　국립중앙박물관을 하루에 다 돌아보기에는 시간이 많이 모자라고 몸도 피곤하다. 다음에 다시 와서 관심이 가는 부분을 집중적으로 볼 요량을 하고, 일단 하루에 다 돌아보기로 한다.

　국립중앙박물관은 분명 대단한 박물관이고, 전시된 유물들은 위대한 유산들이다. 국립중앙박물관에 가는 모든 사람들은 기대와 설렘을 가지고 집을 나서야 할 것이다. 수많은 보물들을 만나러 가기 때문이다. 그것도 무료로. 대한민국은 참으로 좋은 나라다.

24. 국립중앙박물관

대한민국 사람이라면 평생 국립중앙박물관을 적어도 다섯 번은 관람해야 한다. 초등학교 다닐 때 한 번, 대학생 때 한 번, 40대 때 애들 데리고 한 번, 50대에 혼자서 다시 한 번, 마지막으로 죽기 전에 한 번, 이렇게 다섯 번이다.

> **하루 코스** 지하철 4호선 이촌역 2번 출구 ➡ 국립중앙박물관 ➡ 1층 고고관 ➡ 역사관 ➡ 점심식사 ➡ 2층 미술관 Ⅰ ➡ 기증관 ➡ 3층 아시아관 ➡ 미술관 Ⅱ

〈국립중앙박물관〉

1월 1일과 매주 월요일은 휴무다. 관람할 때에는 전시실 번호와 바닥에 그려진 화살표를 잘 따라가도록 한다. 곳곳에 쉴 곳이 있으므로 급하게 관람하려 하지 말고 천천히 쉬어가면서 관람하도록 한다. 오늘 다 못 보면 다음에 또 오면 된다.

국립중앙박물관

국립중앙박물관은 2005년 10월 서울 용산에 개관한 우리나라의 대표 박물관이다. 주변 환경도 쾌적하고, 건물도 장중하고 세련되었으며, 전시 내용물도 충실하다. 국립중앙박물관 전시관은 3층으로 각층마다 2개의 상설 전시관이 있다. 유물의 시대와 특성에 따른 6개의 전시관이 있는 것이다.

1층에는 고고관과 역사관, 2층에는 미술관Ⅰ과 기증관, 3층에는 아시아관과 미술관Ⅱ가 있다. 부지 면적 295,551㎡, 건축 면적 49,178㎡, 연 면적 137,255㎡이다. 국립중앙박물관은 광복 이후 여러 차례 옮겨 다니다가 이제야 제대로 자리를 잡았다.

〈국립중앙박물관 연혁〉

1945. 12. 조선총독부 박물관을 인수하여 국립박물관 개관
1950. 12. 6 · 25 전쟁으로 소장품 부산으로 임시 이전
1953. 8. 부산에서 경복궁으로 이전
1954. 1. 남산 분관으로 이전 개관
1955. 6. 남산 분관에서 덕수궁 석조전으로 이전 개관
1957. 12. 최초의 국외 전시 〈한국 고대 문화전〉
1969. 5. 덕수궁 미술관 통합
1972. 7. 국립박물관을 국립중앙박물관으로 명칭 변경
       8. 경복궁 현 국립민속박물관으로 신축 이전 개관
1975. 8. 지방 분관을 지방 박물관으로 개편
1979. 4. 국립민속박물관을 중앙박물관으로 흡수
1986. 8. 구 중앙청 건물을 개수하여 중앙박물관 이전 개관
1996. 12. 경복궁 내 현 국립고궁박물관으로 이전 개관
1997. 10. 용산 국립중앙박물관 기공
2005. 10. 용산 국립중앙박물관 개관

고고관

구석기실부터 발해실까지 모두 10개의 전시실에 4,500여 점의 유물이 전시되어 있다. 한반도 남부부터 발해까지 광대한 지역에 걸친 선사시대와 고대국가들의 유물을 시대별로 볼 수 있다.

1. 구석기실

구석기시대는 인류가 도구를 만들고 불을 사용하면서 이루어 낸 최초의 문화 단계다. 구석기인들은 사냥과 채집생활을 했으며, 큰 돌에서 떼어내 만든 뗀석기[打製石器]를 사용했다. 한반도에 구석기시대 사람들이 살기 시작한 것은 약 70만 년 전으로 추정된다. 연천 전곡리가 대표적인 구석기 유적지다.

 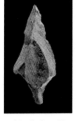

〈여러면 석기〉   〈주먹도끼〉   〈슴베찌르개〉

2. 신석기실

신석기시대는 1만년 전~3천년 전으로 인류가 안정된 자연 환경에 적응하면서 토기土器와 돌을 갈아 만든 간석기[磨製石器]를 만들고 정착생활을 시작하는 시기다. 집터 · 무덤 · 조개더미 등이 있다. 서울 암사동, 강원도 양양 오산리, 부산 동삼동 등 전국적으로 400여 곳에 이르는 유적지가 흩어져 있다.

3. 청동기 / 초기철기실

청동기시대는 기원전 3,000~기원전 400년 무렵이다. 한반도에 금속기가 처음 나타난 시대로 대규모 마을이 생기고 집단 내에서는 사회적 지위 차이도 생겼다. 청동기는 주로 권위의 상징물이나 의식을 위한 도구로 사용되었고, 일상생활에서는 간석기나 목기木器, 민무늬토기[無文土器]가 널리 사용되었다. 기원전 5세기경에는 중국에서 철기가 도입되면서 초기 철기시대로 접어들었다. 기원전 1세기 무렵에는 철기가 한반도 전 지역으로 확산되었다.

4. 원삼국실

원삼국시대는 고구려가 국가 수준으로 성장하고, 백제 · 신라 · 가야의 모태인 마한 · 진한 · 변한의 삼한이 있던 시기다. 이 시대에는 철기 생산이 본격화되어 쇠로 만든 농기구와 무기가 널리 쓰였다. 사회의 계층 분화가 빨라져 지배 질서가 확립되면서 강력한 정치 세력이 등장했다. 새로운 토기 제작 기술이 도입되어 회색 토기가 만들어졌고, 목기와 칠기를 비롯한 다양한 생활용품들이 만들어졌다.

5. 고구려실

고구려는 삼국 중 가장 먼저 국가 체제를 갖추었다. 고구려는 고유문화를 유지하면서 중국과 서역, 북방의 외래문화를 적극적으로 받아들여, 힘이 있고 실용적인 문화를 만들어 냈다. 고구려 문화의 우수성은 천문 · 지리 · 문학 · 음악 · 무용 · 공예 등 여러 분야에서 나타났다. 고구려 문화는 백제 · 신라 · 가야, 바다 건너 왜에게도 영향을 미쳤으며, 통일신라와 발해로 전통이 이어졌다.

6. 백제실

하남 위례성에 도읍한 한성 백제는 개방적이고 국제적인 백제 문화의 기틀을 마련했다. 도읍을 웅진(지금의 공주), 사비(지금의 부여)로 옮기면서 독특한 문화를 꽃피웠다. 백제 문화는 일찍부터 왜에 전해져 일본의 고대 아스카 문화 형성에 영향을 미쳤다.

7. 가야실

전기의 가야는 경남 김해 지역의 금관가야金官伽倻[駕洛國, 本伽倻] 를 중심으로 발전했다. 3세기 후반에는 새로이 북방계 문물을 받 아들이면서 세력이 더욱 강해졌다. 후기에는 경북 고령 지역의 대 가야大伽倻[加羅國]가 중심국으로 성장했으며 신라 · 백제와 겨룰 만 큼 강한 세력이 되었다. 가야 문화는 부드러운 곡선미의 다양한 토 기, 많은 양의 철제 무기류, 금 · 은 공예품의 제작 기법 등에서 볼 수 있다.

〈갑옷과 투구〉　　　〈아라가야 토기〉　　　〈금동관〉

8. 신라실

신라 문화는 돌무지덧널무덤[積石木槨墳]과 불교로 대표된다. 돌 무지덧널무덤에서 출토된 금관 · 귀걸이 등은 세계적으로 뛰어난 금공예품으로 신라가 '황금의 나라'라고 불릴 만큼 화려하고 아름 답다. 불교는 신라인의 정신세계를 지배했고, 골품제骨品制는 신라 의 국가 체계와 사회를 이끌어 간 신분제도였다.

9. 통일신라실

통일신라의 수도 경주는 시가지를 정비하고 도성의 면모를 갖추 어, 서남아시아를 비롯하여 당 · 일본 등과 활발하게 교류하면서 국제도시로 성장했다. 불교는 변함없이 국가 정신의 지주였으며, 불국사와 석굴암이 이 시대에 세워졌다. 화장火葬의 유행으로 뼈 단지[骨壺]가 널리 사용되었다.

10. 발해실

 발해는 중국이 해동성국海東盛國이라고 칭송할 정도로 수준 높은 문화를 이루었다. 당과 신라는 물론 일본과도 활발하게 교류하면서 발전했다. 도성이 있던 곳에서는 궁전 건축물과 화려하게 장식된 기와 · 벽돌 · 토기 · 무기 · 각종 불상 등이 출토되었다. 발해가 거란에 멸망하자 세자는 많은 유민을 이끌고 고려로 들어왔다.

〈말 탄 인물상〉 〈관음보살〉 〈글씨가 있는 불비상〉

역사관

역사관에는 한글실부터 대외교류실까지 9개의 전시실에 2,800 여점의 유물이 전시되어 있다. 분야별로 구분되어 있으며, 우리 민족의 과학적 · 실용적 우수성을 보여주고 있다.

1. 한글실

우리 민족은 오랜 세월 동안 말은 있었으나 글이 없어 한자를 쓰거나 한자를 우리 말투로 바꾸어 쓰는 불편한 언어생활을 했다. 1446년에 세종대왕과 여러 학자들의 노력 끝에 '한글'이 창제되었다. 한글은 전 세계에서 유례를 찾을 수 없는 독창성과 균형미를 지니고 있다.

2. 인쇄실

우리나라는 일찍부터 인쇄 기술이 발달했다. 석가탑에서 나온 8세기 중엽 제작된 것으로 추정되는 현존 최고의 목판본 〈무구정광대다라니경〉, 고려시대 두 차례에 걸쳐 이루어진 대장경 목판 등이 있고, 〈직지심체요절〉(1377년)은 서양보다 앞선 금속활자 인쇄술을 보여주고 있다. 고려시대의 금속활자와 30여 차례에 걸쳐 이루어진 조선시대 금속활자의 제작 등도 세계 인쇄술의 발달에서 **빼놓**을 수 없는 업적이다.

3. 금석문실

금석문金石文은 금속이나 돌에 새겨진 글을 말한다. 넓게는 토기 · 기와 · 벽돌 · 목간 등에 새겨진 글도 포함된다. 금석문은 어떤 인물의 업적이나 공덕을 기리거나, 역사적 사건이나 법령 등을 알리기 위해 제작되었다. 신라 진흥왕 순수비, 신라 월광사 원랑선사비, 고려시대의 묘지墓誌, 조선시대의 묘비墓碑 등이 전시되어 있다.

4. 문서실

현재 사용되고 있는 문서는 개인적인 것에서부터 국가 간의 외교 문서에 이르기까지 종류가 다양하고 숫자도 방대하다. 옛날도 지금과 마찬가지였다. 개인적인 문서로 간찰簡札, 집이나 논밭을 사고파는 매매문서, 재산을 상속하는 문서 등이 전해지고 있다. 공적으로는 관청 사이에 오고 간 각종 공문서가 있다.

〈태조의 재산상속 문서〉〈문과시험 합격증〉〈대한제국 관직 임명장〉

5. 지도실

우리 민족은 삼국시대부터 지도 제작의 전통을 꾸준히 이어 왔다. 조선시대에는 지도 제작 기술이 크게 발전되어 국가와 민간에서 여러 종류의 지도를 제작했다. 전국지도와 도별지도, 서울지도와 지방지도, 세계지도와 외국지도, 군사지도와 여행지도 등 다양한 지도가 전시되어 있다.

6. 왕과 국가실

고려와 조선의 왕과 국가와 관련된 유물을 전시하는 곳이다. 탄생과 태실, 교육과 학문, 인장, 행차, 상·장례를 포함한 의례, 관직, 관원, 인재 등용, 예악, 역사 등에 관한 유물이 있다.

7. 사회경제실

조선시대 민중들의 삶과 관련이 깊은 사회제도·생업·생활상 등을 살펴보는 전시실이다. 그 시대의 민중은 자신들의 이야기를 글로 남긴 경우가 드물지만, 이 전시실에는 조선시대 사람들이 남긴 각종 문헌 자료와 생활용품, 실물 자료 등이 있다. 사회제도 관련 자료, 경제 관련 자료, 생활사 자료 등 세 분야로 나누어 전시하고 있다.

8. 전통사상실

우리나라에 가장 먼저 들어온 외래 종교 불교, 생활과 정치에 지대한 영향을 준 유교, 불로장생을 목표로 하는 도교, 이 땅에서 생겨나 가장 일찍부터 한국인과 친숙했던 민간신앙 등과 관련된 유물들을 이 전시실에서 만날 수 있다.

9. 대외교류실

우리나라는 지리적 여건에 의해 대륙과 해양의 주변 나라들과 밀접한 연계를 맺어왔다. 고려시대에는 바닷길로 송과 동남아시아, 육로로 서역까지 교류를 확대했고, 원의 지배로 다양한 문물을 접하게 되었다. 조선시대에는 중국과 북방의 여러 민족, 일본과 전쟁 또는 교류가 있었다. 조선 후기에는 서양 문명을 접하면서 세계에 대한 인식을 확대했다.

미술관 I

서예실 · 회화실 · 불교회화실 · 목칠공예실의 4개 전시실에 890
여 점의 작품이 전시되어 있다. 한국 전통예술의 아름다움과 종교
미를 글씨와 그림과 공예를 통해 감상할 수 있다.

1. 서예실

서예는 감정과 생각을 붓을 통해 문자로 표현하는 지적이며 정신
적인 예술이다. 인문학적 소양을 갖춘 문인, 선비들의 예술 표현
수단이다. 한국의 서예에는 한문서예와 한글서예가 있다. 한문서
예는 한자 문화의 영향을 받아 발전했고, 한글서예는 훈민정음 창
제 이후 궁궐과 양반사회를 중심으로 발전했다.

2. 회화실

회화실은 다섯 개의 방으로 나뉘어져 있다. 먼저, 그림에 대한 교
육 공간이 있고, 나머지 네 개의 방에는 조선시대의 회화를 화목에
따라 산수화 · 인물화 · 풍속화 · 화조동물화 · 사군자화 · 궁중기록
화 · 궁중장식화 · 민화 등으로 세분하여 전시하고 있다.

3. 불교회화실

고려와 조선의 불교회화를 주제별 및 시대별로 구분하여 전시하
고 있다. 고려시대의 경전 그림[寫經變相圖]을 시작으로 법당에 거
는 불화, 보살, 나한, 고승 진영 등으로 구분했다.

4. 목칠공예실

목칠공예는 다른 어느 분야보다도 자연에 가깝고 자연의 아름다
움을 잘 나타내고 있다. 각종 목가구들과 나전칠기, 화각공예품들
이 전시되어 있다. 남녀 각각의 생활 공간과 용도에 맞게 제작된
사랑방, 안방, 부엌용 목가구와 생활용품을 감상할 수 있다.

기증관

개인이 소장하고 있다가 박물관에 기증한 문화재를 전시하는 공간이다. 11개의 전시실에 1,000여점의 작품이 전시되어 있다. 한국뿐만 아니라 아시아 각국의 다양한 문화를 감상할 수 있다.

1. 이홍근실

동원 이홍근(1900~1980)은 민족문화에 특별한 애정을 지닌 분이다. 유족들은 고인의 뜻을 받들어 국보인 백자 연꽃넝쿨무늬 대접을 포함한 4,941점의 작품을 기증했다.

2. 기증문화재실

1945년 광복 이후 2004년 12월까지 국립중앙박물관에 문화재를 기증한 분들은 213명에 이른다. 내국인뿐 아니라 국외 동포와 외국인들까지 포함되어 있다. 많은 분야에 걸쳐 총 22,091점에 달한다. 이 중에는 국보 6점, 보물 32점이 포함되어 있다.

3. 김종학실

김종학(1937~)은 평안북도 선천에서 출생하여 화가로 활동하는 분이다. 1989년 오랫동안 수집해 온 300여 점의 소장품을 기증했다. 대부분 조선 후기의 목공예품이며 생활용품과 종교·의례용품으로 나누었다.

4. 유강열실

유강열(1920~1976)은 한국의 현대 공예 및 판화의 개척자로 공예미술 발전에 크게 기여했다. 선생이 돌아가신 후, 부인이 선생의 수집품과 판화 작품 650여 점을 기증했다. 기증 작품들은 삼국시대의 토기와 토우, 고려청자, 조선의 도자기와 회화, 목칠공예품, 직물공예품 등으로 다양하다.

5. 박영숙실

박영숙(1932~)은 전통 안방용품을 수집하여 조선시대의 규방문화 보존을 위해 노력하고 있다. 1996년과 1998년 두 차례에 걸쳐 기증했다. 기증품 631점은 대부분 안방용품으로 다듬잇돌 471점과 인두 · 숯불다리미 · 돌화로 등이 포함되어 있다.

6. 최영도실

겸산 최영도(1938~)는 40여 년간 수집한 토기 1,500여 점을 기증했다. 토기는 각 시대를 대표할 수 있는 전형적인 것으로 원삼국시대의 와질토기에서부터 삼국시대 토기, 고려 · 조선시대 서민들이 일상생활에 사용했던 토기까지 포함되어 있다.

7. 박병래실

수정 박병래는 1974년 3월, 도자기 362점을 누구든지 가까이에서 감상할 수 있어야 한다는 평소의 뜻대로 기증했다. 대부분 18~19세기에 광주 금사리와 분원리 가마에서 제작된 도자기로 청화백자가 가장 많다.

8. 유창종실

유창종(1945~)은 연꽃무늬 수막새 수집을 계기로 우리의 옛 기와에 매료되어 평생 기와 사랑을 실천한 분이다. 한국과 중국 · 일본 · 동남아시아 각국의 기와 등 1,873점에 달하며 양적으로 방대하고 질적으로도 우수하다.

9. 가네코실

일본 아시아민족조형문화연구소의 가네코 가즈시게金子量重 소장이 기증한 아시아 각국의 문화재 1,035점 중 80여 점이 전시되어 있다. 40여년 간 아시아 30여 개국을 답사하며 수집한 자료들이다.

〈건칠 불두〉　　　〈주칠금채 공양구〉　　　〈주칠금채 경전〉

10. 하치우마실

일본인 하치우마 다다스八馬理가 1994년 9월에 기증한 유물을 전시하고 있다. 기증품은 선친인 하치우마 가네스케八馬兼介가 1920~30년대에 수집한 청동기시대부터 조선시대까지의 유물 383점이다.

11. 이우치실

일본인 이우치 이사오井內功(1911~1992)는 이우치 고문화연구실을 마련하고 한국의 기와와 벽돌에 관해 연구하고 많은 논문을 발표했다. 1987년 소장하고 있던 기와와 벽돌 1,082점을 기증했다. 기증품은 낙랑으로부터 삼국·통일신라·고려·조선에 이르기까지 전 시대를 망라하고 있다.

아시아관

남아시아의 인도·동남아실부터 일본실까지 6개의 전시실에 970여 점의 작품이 전시되어 있다. 아시아 문화의 공통성과 다양성을 살펴볼 수 있다. 특히 신안해저문화재실이 눈길을 끈다.

1. 인도·동남아시아실

베트남 국립역사박물관·국립민족학박물관·국립미술관에서 대여한 베트남 공예품들을 볼 수 있다. 54개에 이르는 소수민족의 수공예품은 베트남인 고유의 통일성과 다양성을 반영하고 있다.

2. 중앙아시아실

전시품 대부분은 현재의 중국 신장 웨이우얼 자치구에서 출토된 것들이다. 종교미술과 고분·주거지 출토품으로 석굴사원의 벽화를 비롯하여 불화·불상·토기·토우·생활용품 등이 포함되어 있다.

3. 중국실

중국 문화는 왕조의 변천만큼 변화와 통합이 다양하게 이루어졌다. 중앙의 한족과 주변의 이민족은 끊임없이 문화적 영향을 주고받았다. 지리적으로 가까운 한국과도 문화의 교류가 많았다.

4. 신안해저문화재실

1975년 전라남도 신안 앞바다에서 650여 년 동안 바다 속에 가라앉아 있던 무역선이 발견되었다. 1976년부터 10여 차례에 걸쳐 수중 발굴을 실시하여 선박과 3만여 점의 유물을 인양했다. 난파 무역선은 첨저형 목선으로 길이 34m, 너비 11m, 칸막이와 짐칸, 용골을 갖춘 200톤 내외의 규모였다.

유물은 중국 도자기 2만여 점과 고려·일본의 도자기와 금속제품·석제품 등도 있다. 동전 28톤과 자단목·주석 등의 원자재도 발견되었다. 이 무역선은 1323년(고려 충숙왕 10년) 중국 원나라 저장성에서

교역 상품을 싣고, 일본 하카타(지금의 후쿠오카)를 거쳐 교토 일대에 이 물품들을 공급하려다가 난파되어 신안 앞바다에 가라앉았던 것이다.

〈청자 항아리〉

〈매병〉

〈낭자 입상〉

5. 낙랑유적출토품실

대동강 남쪽에는 낙랑토성과 3천 기 정도의 고분이 남아 있고, 평안도·황해도 일대에도 많은 낙랑군 시기의 유적이 있다. 목곽 묘·귀틀묘·전실묘로 이어지는 낙랑 고분문화의 흐름을 통해 낙 랑군의 역사와 문화를 살펴볼 수 있다.

6. 일본실

일본실은 2007년 11월에 재개관했다. 에도시대부터 근대까지의 대표적인 미술품을 전시하고 있다. 국립중앙박물관이 소장하고 있 는 일본의 근대 미술품들은 이왕가李王家 미술관에서 구입하거나 기증받은 작품들이다.

미술관 II

미술관 II에는 불교조각실부터 백자실까지 5개의 전시실에 630여 점의 작품이 전시되어 있다. 세계 최고 수준의 걸작인 반가사유상과 다양한 불교조각품, 금속공예품을 볼 수 있고 색깔과 모양이 무엇과 도 비교할 수 없이 뛰어난 고려청자와 조선백자를 만날 수 있다.

1. 불교조각실

삼국시대부터 조선시대까지 불교 조각의 흐름과 시대별·주제별 특성을 볼 수 있다. 먼저 통일신라와 고려시대에 만들어진 중대형 의 불상을 볼 수 있고, 이어 금동반가사유상을 독립된 공간에서 볼 수 있다. 마지막으로 소형의 불상을 감상할 수 있다.

2. 금속공예실

한국 금속공예의 아름다움과 장인들의 솜씨를 볼 수 있다. 〈도입 부〉에서는 금속이 어떻게 공예품으로 탄생되는지 사례를 통해 볼 수 있다. 〈불교공예〉에서는 공양구·사리구·범음구 등 불교 금속 공예품을 볼 수 있고, 〈생활공예〉에서는 장신구와 생활용구 등 일 상생활에서 사용된 금속공예품을 감상할 수 있다.

3. 도자공예-청자실

자기瓷器는 유약을 입히고 1,300°정도의 고온에서 굽는 등 여 러 가지 조건이 모두 충족되어야 완성되는 예술품이다. 우리나라 의 자기 문화는 통일신라 말기인 9세기~10세기 초에 시작되어 고 려에서 절정을 이루었다.

고려를 대표하는 청자靑瓷는 11세기 후반부터 세련된 모습을 보 이기 시작했다. 고려인들은 중국 청자와 구별하기 위하여 비색翡色 이라 불렀던 비취색 청자 유약을 완성했고, 도자 예술의 새로운 경 지를 개척한 상감象嵌기법을 개발했다.

4. 도자공예-분청사기실

분청사기粉靑沙器는 고려 말에 제작된 질 낮은 상감청자에서 유래했다. 조선 전기에 들어와 독특한 미감을 가진 새로운 도자기로 발전했다. 분청사기는 15~16세기에 걸쳐 약 150년 간 제작되었다.

표면에 흰색 화장토를 입히고, 어떤 방법으로 무늬를 나타냈는가에 따라 상감象嵌ㆍ인화印花ㆍ조화彫花ㆍ박지剝地ㆍ철화鐵畵ㆍ귀얄ㆍ분장粉粧(덤벙)의 7가지로 나뉘어진다. 고려청자가 귀족적 취향과 부드러운 곡선미를 보여주고 있는데 비하여, 분청사기는 자유분방하고 활달한 조형과 생동감을 보여주고 있다.

〈국화무늬 대접〉　　　〈풀꽃무늬 편병〉　　　〈넝쿨무늬 항아리〉

5. 도자공예-백자실

조선을 대표하는 도자기는 분청사기와 백자白瓷다. 백자는 조선시대 전 기간에 걸쳐 꾸준히 제작되었고 조선인의 일상생활에 폭넓게 사용되었다. 절제와 순수한 아름다움이 돋보이는 백자는 유교적 이념을 구현한 새 왕조와 사대부층의 사상과 생활을 담아내기에 적합한 그릇으로, 조선의 문화를 총체적으로 반영했다고 할 수 있다.

조선 백자의 역사는 왕실과 중앙 관청용 백자를 제작한 가마인 관요官窯를 통해 살펴볼 수 있다. 관요는 초기ㆍ전기ㆍ중기ㆍ후기로 구분된다. 조선 백자실은 이러한 시기 구분을 염두에 두고 백자의 큰 흐름을 감상할 수 있도록 구성되었다. ■

참고문헌

〈북궐도형〉 국립문화재연구소 편, 국립문화재연구소, 2006

〈북한산 역사지리〉 김윤우, 범우사, 1995

〈빛깔있는 책들 - 24 수원성〉 김동욱·손재식, 대원사, 1989

〈빛깔있는 책들 - 34 종묘와 사직〉 김동욱·김종섭, 대원사, 1990

〈서울 소재 성곽조사 보고서〉 서울특별시 문화국 문화재과, 2003

〈서울문화유적 1, 2〉 박경룡, 수문출판사, 1997

〈서울시내 일제유산 답사기〉 정운현, 한울, 1995

〈서울의 문화재-제 1권 건조물〉 서울특별시사 편찬위원회, 2003

〈서울의 성곽〉 서울특별시사 편찬위원회, 2004

〈역사문화수첩〉 한국역사연구회, 역민사, 2003

〈우리 궁궐 이야기〉 홍순민, 청년사, 2004

〈우리 명산 답사기 1, 2〉 류인학, 자유문학사, 1995

〈조선의 왕릉〉 이호일, 가람기획, 2003

〈한국의 세계문화유산〉 삼성문화재단, 학고재, 1997

〈한성백제사 3-왕도와 방어체계〉 서울특별시사 편찬위원회, 2008

최종수

서울에서 출생하여 경동고등학교와 연세대학교 국문학과를 졸업했다. 진실을 바탕으로 하여 가정을 덧붙인 비문학 작품을 쓰는 것을 목표로 하고 있다. 모든 창작이나 학문에 있어서 기본이 가장 중요하고, 원리는 다 마찬가지라는 생각을 가지고 있다. 쓴 책으로는 〈행복한 논술 초등학교 1~6학년〉 등이 있다.

서울 역사 문화 탐방

발행일	2009년 7월 1일 초판 1쇄 인쇄
	2009년 7월 10일 초판 1쇄 발행

지은이	최종수
발행처	역민사
등록	1979. 2. 23. 서울 제 10-82호
주소	100-013 서울 중구 충무로 3가 59-23
전화	02) 2274-9411
이메일	ymsbp@yahoo.co.kr
copyright	ⓒ최종수

ISBN 978-89-85154-25-3 93910
값 10,000원